WEIN, MOND UND STERNE

GÉRARD BERTRAND

WEIN, MOND UND STERNE

Éditions de La Martinière

ISBN: 978-2-7324-8394-8

Titel der Originalausgabe:
Le Vin à la belle étoile
Copyright © 2017 Éditions de La Martinière, Paris,
Frankreich, eine Marke EDLM

REALISIERUNG: NORD COMPO, VILLENEUVE-D'ASCQ
DRUCKEN: NORMANDIE ROTO S.A.S. À LONRAI
N° D'IMPRESSION : 1700545
DEUTSCH VON LISA WEGENER

PFLICHTHINTERLEGUNG: MÄRZ 2017
Printed in France

Alle Rechte vorbehalten, auch auszugsweise.

Für Ingrid, Emma und Mathias
Für Jean, Yann, Jean-Michel, Sophie und Virginie
Für meine Familie
Für meine Mitarbeiter
Für meine Freunde

Vorwort

Gérard der Eroberer

Auf einem ins Mittelmeer ragenden Gebirgsvorsprung, hoch über dem mittelalterlichen Gruissan, liegt das Weingut L'Hospitalet, wo vom Wind von überall mitgebrachte Düfte tanzen und die Sinne berauschen, und wo Gérard Bertrand voll Bewunderung und Respekt „der Große" genannt wird.

Sein Spitzname gefällt ihm, denn er findet ihn passend, immerhin ist er fast zwei Meter groß. Und damit geht er stillschweigend darüber hinweg, dass in seinem Fall mehr als die physische Erscheinung beschrieben ist, hier meint „der Große" auch und vor allem das wahre Ausmaß seiner Persönlichkeit. Gérard Bertrand ist für mich Gérard der Eroberer. Eine Flasche Cep d'Or dient ihm als Zepter, mit dem er die Geister der Katharer in der Region wieder zum Leben erweckt. Wilhelm der Eroberer, König von England und Herrscher über einen Teil Frankreichs, wurde in Falaise in der Normandie geboren, und von der Höhe einer anderen *falaise* (der Name bedeutet Felswand oder Kliff) wacht auch Gérard der Okzitaner über sein Weinimperium. Es erstreckt sich von Narbonne im Departement Aude bis ins Herz der katalanischen Gebiete in Tautavel, wo der *Homo erectus* bereits vor 700.000 Jahren über den gleichen Boden lief, der seit nunmehr 1500 Jahren Rebstöcke trägt, vor allem Grenache.

Gérard ist ein Riese, der seine Familie und einen großen Freundeskreis in seine weiten Arme und Gleichgesinnte, die seinen Weg kreuzen, ins Herz schließt. Er verfügt über die mentale Stärke eines steinharten Rugbyspielers und versteht in der dritten Halbzeit oder zum Jazz-Festival auf L'Hospitalet (wo die Gastfreundschaft zu Hause ist) ausgelassen zu feiern. Gérard vereint in sich viele verschiedene Eigenschaften. Für ihn gilt der Ausspruch Che Guevaras: „Seien wir realistisch, versuchen wir das Unmögliche." Denn auf seine eigene, so viel friedfertigere Weise ist auch er ein Revolutionär, nur dass er seinen Kampf mit gastronomischen Waffen führt.

Wenn er nachts durch seine Rebstöcke streift, weiß er sich im Einklang mit dem Kosmos und fühlt sich den Sternen nah. Für ihn steht fest: „Sonne, Mond und Gestirne haben einen bedeutenden Einfluss, allen voran die von der Sonne entfernteren Planeten Mars, Jupiter und Saturn." Und erklärt weiter: „Wie oft hören wir Eltern ihre Kindern ermahnen, den Stein im Mund wieder auszuspucken. In Wirklichkeit wollen Kinder Mineralien kosten, um sich unbewusst, aber ganz selbstverständlich mit der Natur zu verbinden. Ich habe noch nie erlebt, dass ein Kind einen Stein heruntergeschluckt hat." Hier, zwischen Mystik und Wirklichkeit, hat Gérard seinen Platz gefunden, und ist überzeugt: „Die Natur ist intelligenter als wir." Er trägt damit den Staffelstab der Weisheit seines Vaters Georges weiter, dem er so viel verdankt; dieses Vaters, der als Schiedsrichter auf dem Rugby-Feld dafür Sorge trug, dass die Regeln befolgt wurden – und das in einer Zeit, als Recht und Moral nirgends mehr galten. Georges ermöglichte seinem Sohn schon in jungen Jahren, sein Heimatland kennenzulernen, denn Gérard begleitete seinen Vater von Spiel zu Spiel durch ganz Frankreich, bevor er selbst ein treuer Kämpfer des ovalen Balls wurde, ein begabter Luftkämpfer, ausgestattet mit einem kräftigen Paar *alibofis*, wie man in Marseille die „Kronjuwelen" nennt...

Als sein Junge zehn Jahre alt war, übertrug Georges ihm die ersten Aufgaben im Weinberg mit den Worten: „Mit 50 wirst du schon

VORWORT

40 Jahre Erfahrung haben." Genau das ist heute eingetreten, in „der Mitte meines Lebens", wie der Verfasser dieses Buches so schön sagt, das getragen wird von dieser Erfahrung und von Gérards Liebe zum Wein und zu jenen Menschen, die seinen Wein mit Eleganz die Kehle, die Rinne des Glücks, hinabfließen lassen.

Als Gérard mit seiner Familie noch auf dem Weingut Cigalus lebte, habe ich dort oft übernachtet, umgeben von Rebstöcken und den namengebenden Zikaden. In vielen Gesprächen mit ihm und seiner Frau Ingrid, einer Frau von Charakter – den sie auch braucht, neben einem Gérard Bertrand –, bei denen ihre Kinder Emma und Mathias die Ohren spitzten, habe ich die geradezu eherne Zuverlässigkeit dieses gereiften Naturburschen schätzen gelernt. Stets hat er einen Scherz auf den Lippen – nicht als Schutz, aber immer dann, wenn es zu vage, zu unbestimmt wird. Denn er ist viel zu geradlinig, um auch nur kleinste Ausflüchte durchgehen zu lassen. Einen Zwei-Meter-Mann übersieht man nicht, und jeder weiß, dass er da ist!

Mir wird jedesmal warm ums Herz, wenn ich mit hunderten geladener Gäste in Festzelten das Jazz-Festival von L'Hospitalet genieße, immer unter der wohlwollenden Aufsicht der kleinen Bulldogge Prunelle, einem Derwisch auf vier Pfoten, und dem stattlichen Bounty, einem Bullmastiff, der aus der gleichen Zeit zu stammen scheint wie die ersten Menschen aus Tautavel. Hier verdoppelt sich geteilte Freude nicht, sie potenziert sich, und die Freundschaft, die damit einhergeht, macht durstig. Die Gläser zu heben und anzustoßen wird da fast zur religiösen Handlung, zollt man doch dem Blut der Erde Respekt.

Zu deinen Freunden zu zählen, Gérard, erweist sich als Quelle der Energie. Für mich wird die Flasche nun immer halbvoll sein. Voll mit jenen Weinen, in denen sich Sonne und Mond begegnen. *Der Wein unter dem Sternenzelt,* das bist Du, vollkommen Du. Ich erhebe mein Glas auf unsere Freundschaft!

Jean Cormier

Einleitung

Saint-André-de-Roquelongue, Narbonne, die Corbières, das Minervois, das Languedoc, das Roussillon, der Süden Frankreichs.

Die Gebiete, die Geschichten, das Klima und die Menschen haben seit den Römern, später den Westgoten und Katharern die Kultur unserer Region stark geprägt. Bereits in meiner frühesten Kindheit spürte ich die Energie, den Atem, die Seele dieses Landstrichs.

Das römische Narbonne, das katharische Béziers, das katalanische Perpignan, das mittelalterliche Carcassonne und das etwas jüngere Montpellier haben in den letzten 2000 Jahren ihren Charakter über ihre gegenseitigen Rivalitäten, ihre Leiden, ihren Stolz herausgebildet, aber auch ihre Art zu leben und die Fähigkeit, Menschen willkommen zu heißen.

Der Wein seit den Römern und Rugby seit Kurzem fallen in dieser Region wirtschaftlich, sozial und kulturell auf fruchtbaren Boden. Meine Großmutter Paule, mein Vater Georges, meine Mutter Geneviève, meine Onkel und Tanten – sie alle wurden von Dionysos gewiegt. Es wäre mir unmöglich, dieser Prägung durch die Sprache Okzitaniens und die vom Mittelmeer umspülte Landschaft mit ihren unterschiedlichen Terroirs zu entkommen.

In der Kette Selbstversorgungswirtschaft, Produktionswirtschaft bis hin zur Marktwirtschaft hinkt unsere Weinregion hinterher. Vielleicht trug sie einen Minderwertigkeitskomplex gegenüber den mächtigen

Weinregionen – Bordeaux, Burgund, Champagne – mit sich herum, vielleicht hatten wir uns auch in der Rolle des Fürsorgeempfängers zu gemütlich eingerichtet.

Dabei ist der erste Schaumwein der Welt schon 1531 in der Abtei von Saint-Hilaire im Departement Aude entwickelt worden – der Blanquette de Limoux –, und dreieinhalb Jahrhunderte später haben sich hier Winzer in Kooperativen zusammengeschlossen, um ihre Energien zu bündeln. Wir haben viel Zeit gebraucht, um uns unserer Wurzeln wieder bewusst zu werden und *urbi et orbi* die Besonderheit, Diversität und Wahrhaftigkeit unserer Weine zu verbreiten. Im Zuge der Krise von 1907 ist Marcelin Albert als Speerspitze der Revolte der Weinbauern im Languedoc zum Volkshelden geworden, weil er eine Erhöhung der Preise und eine bessere Zukunft für die Zunft gefordert hat. Diese Zeit hat unsere Region nachhaltig geprägt.

Seit meiner allerersten Traubenlese 1975 hat mir mein Vater die Vorteile sorgfältig erledigter Arbeit gezeigt und mich in die 1001 unverzichtbaren Details eingeführt, die zur Erzeugung von Qualitätsweinen unerlässlich sind. Dieses Anspruchsdenken habe ich noch immer, und es wird mich nie verlassen. Qualitätbewusstsein, immer mehr Fachkenntnis und der Wunsch, all das weiterzugeben, schüren meine Gedanken und spornen meinen Willen an. Bis heute bestärkt mich jeder neue Jahrgang in meinen Überzeugungen, nährt meine Gedanken und festigt meinen Charakter. Mich mit den Besten zu messen, das Potenzial meiner Region unter Beweis zu stellen und ihre Wurzeln sowie ihre Kultur aufzuzeigen – all das ist zur wichtigsten Triebfeder in meinem Leben geworden. Es geht nicht mehr nur um einen Beruf, es ist längst eine Glaubenssache geworden, bei der es auf die Verbindung der Terroirs mit den Anbaumethoden, der Vinifikation, den menschlichen Ressourcen und dem Marketing ankommt, alles im Dienst einer gemeinsamen Vision und einer Strategie zur Eroberung des Marktes.

EINLEITUNG

Ich habe diese letzten 30 Jahre als einen initiatorischen Weg empfunden. Das Familienleben, die tiefe Freude an Begegnungen, Reisen, Verkostungen großer Weine und die Lektüre leiten mich auf meinem Weg. Seinem Leben einen Sinn zu geben ist das Wichtigste, ist für mich eine ewige Suche, die durch eine Erziehung voller Liebe, Respekt, Toleranz, Kampfgeist und Selbstüberwindung begünstigt wurde.

Von einer physischen Dimension hin zu einer metaphysischen, vom Bewussten zum Unbewussten, vom Geist zur Seele, behauptet und offenbart sich der Wein, vereint Gedanken und Gefühle, hilft Kontakte zu knüpfen und Beziehungen zu pflegen und ist Übermittler von Botschaften. Mit großem Respekt für die Pflanze führt die Hand des Menschen den Rebschnitt aus und sorgt so dafür, dass der Rebstock Jahr für Jahr wieder austreibt. Sie pflegt ihn im Rahmen präziser Anbaumethoden, die auf seine Entfaltung in Harmonie mit seinem Biotop und seiner Biosphäre abzielen.

Ich habe Zeit gebraucht, um zu verstehen, wo die Feinheiten des Winzerberufs liegen: mit Erde und Kosmos in Kontakt und mit meinesgleichen über den Wein verbunden zu sein, dieser Pflanze, deren Traube in ihrer Wandlung die Aromen aller anderen Früchte ausprägt, ist die Essenz meiner Arbeit.

Es ist nun 25 Jahre her, dass die Begegnung mit dem genialen Therapeuten Francis Mazel, einem Arzt und Homöopathen, den Wunsch in mir weckte, Wein nach biodynamischen Methoden anzubauen. Zunächst erarbeiteten wir uns in Cigalus mit einem kompetenten, engagierten und passionierten Team acht Jahre lang die Grundsätze Rudolf Steiners. Nach einer Zeit des Purgatoriums, der Reinigung, zeigten sich schließlich die positiven Effekte auf den Weinberg, die dort herrschende Artenvielfalt und die Qualität der Weine.

Danach stellten wir auch die Rebflächen von L'Hospitalet, La Sauvageonne und Karantes auf diese Methode um sowie vor Kurzem die Châteaus Tarailhan, Aigle, Aigues-Vives und La Soujeole, also insgesamt mehr als 350 Hektar.

Was ist Wein? Eine hydroalkoholische Mischung, ein Getränk, ein Gebräu, ein Kulturprodukt, ein Bindeglied zwischen Menschen, ein Bote, all dies zugleich?

Der menschliche Geist lässt all diese Möglichkeiten zu. Sich dessen bewusst zu werden ist das Ergebnis eines langen und komplexen Reifungsprozesses. Ich habe nach langer Suche eine Hierarchie der verschiedenen Wahrnehmungsebenen des Weins durch die Sinnesorgane erstellt, die eine Tür zu neuen Erfahrungen öffnet.

Es beginnt mit dem Vergnügen, dem Mindesten, was es dem Konsumenten zu garantieren gilt. Die Augen, die Nase, der Gaumen offenbaren die Qualität und die Aromapalette der Rebsorten.

Darauf folgt der Geschmack, der auf das Terroir verweist und am Gaumen vorbei „die Rinne des Glücks", wie Jean Cormier sie beschreibt, hinabfließt. Der Geschmack bringt die Einzigartigkeit der Region hervor und kündet von der Herkunft des Weins.

Das Gefühl stellt sich schon seltener ein. Es kommt von Herzen, und dazu bedarf es der besonderen Alchemie eines großen Weins, den man mit Freunden trinkt und der wohltemperiert in einem angemessenen Glas und zu köstlichen Speisen serviert wird.

Wenn bis dahin alles gestimmt hat, ist man schließlich sensibilisiert für die Botschaft. Der Wein lädt zu einer transzendentalen Reise ein und öffnet das Bewusstsein über den Neocortex ins Unendliche. Hier geht es um eine ekstatische Erfahrung, die man dank Gottes Gnade erlebt, wenn man den Winzer kennenlernt, sein Terroir besichtigt und sich mit ihm beim Genuss eines alten Jahrgangs austauschen kann.

Ich hatte die Ehre und das Privileg, diese verschiedenen Stadien mit Aubert de Villaine, dem Besitzer und Verwalter des Weinguts La Romanée-Conti, zu erleben. Diese Erfahrung hat mich gelehrt, dass man neben seiner Präzisionsarbeit eine vierte, spirituelle Dimension einführen muss, um auf der Suche nach dem Absoluten noch einen Schritt weiterzugehen.

Auf einem Spaziergang in den Ausläufern der Montagne Noire in La Livinière im Jahr 1997 mache ich auf einem von einer Trockenmauer umgebenen Stück Garrigue-Land, wo einst ein Schafstall stand, eine seltsame Erfahrung. Seit einigen Monaten war dieser magische Ort in meinem Besitz, denn ich hatte das Weingut Laville-Bertrou erworben. Der dringende Wunsch, diese alten Carignan- und Syrah-Reben zu verfeinern, wird mich nie mehr loslassen. Wir pflanzen Mourvèdre und Grenache hinzu, um eine mediterrane Identität zu prägen.

Nach zehn Jahren reiflicher Überlegung, vielen Gesprächen und einer inneren Suche, die für eine bestimmte Form der Hellsicht unverzichtbar ist, entschließe ich mich, den alten Schafstall als Kellerei wieder aufzubauen und und dort auch einen Ort der Meditation einzurichten. Dieses einzigartige Gebäude, in allen Himmelsrichtungen umgeben von Rebflächen und mediterraner Vegetation, verleiht diesem Ort eine göttliche Dimension, die das Potenzial dieses außergewöhnlichen Terroirs noch verstärkt. Hier wird Clos d'Ora geboren.

Den Lehren Rudolf Steiners verdanke ich ein Verständnis von Mikro- und Makrokosmos sowie den Zugang zu den Grundsätzen der biodynamischen Landwirtschaft. Und ich beginne die Botschaften zu entziffern, die in einigen multidimensionalen Weinen enthalten sind und durch Können und Wissen des Winzers verdeutlicht werden.

Wie kann sich der Einfluss des Mondes und der Planeten, die mit der Kieselerde und dem Kalk im Boden interagieren, im Geschmack des Weins widerspiegeln?

Die Information, die Zeit, der Raum, die Energie, die Seele bilden die Essenz eines außergewöhnlichen Weins. Der Wein ist nicht nur Ausdruck des Bodens, der Rebsorten, des Klimas, er ist auch mit dem Universum verbunden. Und so habe ich es gewagt, auf einem neuen Weg den biodynamischen Anbau mit Erkenntnissen der Quantenmechanik zu verbinden.

Seit ich das Universum besser zu verstehen versuche – vom unendlich Großen bis hin zum unendlich Kleinen –, ist mir bewusst geworden, dass Intuition, oder Vorahnungen, nicht über den Geist vermittelt werden, sondern direkt mit unserer Seele verbunden sind, diesem göttlichen Anteil, den jeder von uns in sich trägt. Man muss den Willen haben, das Feld der unendlichen Möglichkeiten zu betreten.

Von Anfang an hatte ich vor, in dieser außergewöhnlichen Umgebung mit dem Clos d'Ora einen Wein zu schaffen, der eine Botschaft des Friedens, der Liebe und der Harmonie überbringt. Nun, da ich in der Mitte meines Lebens angekommen bin, ist es an der Zeit, meine Suche und mein Engagement für die Erde des Languedoc in die Welt hinauszutragen.

I
DER WEG DER INITIATION

1

Meine Wurzeln

Ich bin ein Kind der Corbières, einer naturbelassenen Region, einer ländlichen Gegend, aber auch eines Weinbaugebiets mit kontrollierter Herkunftsbezeichnung im Département Aude.

„Aude, das ist Frankreich in klein", schrieb der Historiker und Klimatologe Emmanuel Leroy-Ladurie. Denn das Département vereint eine Vielzahl verschiedener Landschaften, es erstreckt sich vom Mittelmeer bis zu den Ausläufern der Pyrenäen. Wasser, Sonne, Wind, Berge – alles ist im Überfluss vorhanden, manches davon noch in fast unberührtem Zustand. Einzig die römischen, westgotischen, katharischen Spuren erinnern daran, dass dieser Flecken Erde uns beherbergt, uns aufzieht, uns verpflichtet.

Im Winter spaziere ich gern entlang der Straße im Vallée du Paradis in Richtung der *citadelles du vertige*, der Festungen in schwindelerregender Höhe. Da ist zunächst die Burg Aguilar, die auf dem Mont Tauch den Horizont berührt, einem Königreich für Wildschweine in der Enklave der Fitou-Weine. Hinter Tuchan schlage ich dann den Weg Richtung Cucugan ein. Dieses Dorf ähnelt einem verlorenen Paradies, wo man mit der Natur noch in Einklang lebt. Die Obst- und Gemüseernte und die Jagd auf kleines und größeres Wild gliedern die Jahreszeiten. Sobald die Tage wärmer werden, bestimmen Touristenströme zu den Katharerburgen Quéribus und Peyrepertuse das Bild.

Wenn bei diesen winterlichen Streifzügen Wind aufkommt, ist Nervenkitzel garantiert, dann muss ich mich an dem Seil festhalten, das entlang der unzähligen Stufen zum Hauptturm hinauf gespannt ist. Man sollte die Katharerburgen, die einen entscheidenden Wendepunkt in den Qualen und der Tragödie dieser Region darstellen, möglichst ohne Publikum erleben, einsam. Ist man dann außer Atem und mit klopfendem Herzen oben angelangt, empfängt einen zunächst die raue Kraft dieses Ortes. Wenn man einen Blick hinaus wagt, bis zu den Ebenen des Roussillon hinüber, erklingt tief im Innern, fast wie ein Echo aus der Ferne, der Aufruf zur Zwiesprache, und man möchte begreifen, was diese Menschen antrieb, die es wagten, Dogmen der Kirche weiterzuentwickeln, um im Einklang mit ihrer christlichen Vision leben zu können.

Auch noch nach 700 Jahren lässt sich hier oben das Wesen ihrer Botschaft erahnen. Kompromisslos in völliger Mittellosigkeit zu leben, sich im Winter Regen, Wind und Kälte auszusetzen, erfordert Askese, Willenskraft und einen festen Glauben. Wir verehren diese Menschen, die Verboten trotzten, sich der Aufklärungsfeindlichkeit entgegenstellten, den Übergriffen durch Simon de Monfort standhielten, diesem Vollstrecker niederer Taten. Da er die Reinen (die Übersetzung von „Katharer") nicht von den Unreinen zu unterscheiden wusste, befahl Arnaud Amaury seiner Armee eines Abends in Béziers: „Tötet sie alle, Gott wird die seinen erkennen!"

Ihre pazifistische Überzeugung verpflichtete die Katharer zu einer rein verbalen Auseinandersetzung, zu einer Verkündungspredigt – dazu, die Herkunft des Wortes und der Sprache zu achten. Auch auf dem Château Montségur in Ariège, das sich noch immer der Schwerkraft widersetzt und uns größten Respekt einflößt, fand ihre Lehre Anhänger. Sie verbreitete sich weiter ins Albigeois, das zum Schauplatz fürchterlicher Schlachten und einer grauenvollen Menschenjagd wurde. Albi und Béziers verwandelten sich in gigantische Scheiterhaufen.

Wir sind die Nachfahren jener Herolde, unsere Ahnen haben diese Tragödie, diese schwierigen Zeiten durchlebt. Sie hat sich in den Erzählungen, im Lernen, in gemeinsamen Erfahrungen von Angst und Schrecken übermittelt. Vorübergehend lassen sich die lebhaftesten Geister beschwichtigen, lässt sich ein Volk beherrschen, kann man ihm Verzicht auferlegen, ihm Rituale und Denkweisen aufzwingen. Aber die Kraft des Geistes, die Botschaft, der Mut des Kampfes, der Gehorsamsverweigerung zeugen von der absoluten Liebe zu einem Gott, der für alle gleich ist, der mit der Natur, mit dem Universum verbunden ist. Über das Gebet, aber auch durch die Arbeit, den Wein- und den Olivenanbau wird sie ein Teil von jedem von uns.

Das römische Narbonne blieb von der katharischen Häresie verschont. Doch Béziers, die Nachbarstadt, befand sich im Zentrum dieser fürchterlichen Ereignisse.

Als Jahrhunderte später (1960–1985) der Rugby-Club AS Béziers zum Aushängeschild der Stadt avanciert, scheint es wie das Wiedererstarken katharischer Werte. Männer wie Raoul Barrière, der legendäre Trainer in der Blütezeit des Vereins, tragen das Banner, die Spieler werden zu modernen Rittern. Ihr Wille zur Eroberung, ihr Siegeshunger brechen sich Bahn in ihrer Technik, in ihrem einzigartigen, auf Stärke basierenden Stil und zeugen von der Eintracht mit den Geistern. Rot und Blau erstrahlen über Rugby-Frankreich. Alle drei Jahre sorgen sie dafür, dass sich der *Bouclier de Brennus*, der Brennus-Schild – die Trophäe der französischen Rugby-Liga und noch immer ein Symbol des Kampfes – in die Sous-Prefekturen des Südwestens Frankreichs verirrt.

1974 fordern 15 stolze Männer aus Narbonne – dank der Hilfe der Brüder Spanghero und Jo Masos Genie sind sie so weit gekommen – den Rivalen aus Béziers heraus und verlieren erst in den allerletzten Sekunden des Spiels durch einen teuflischen Schuss von Henri Cabrol. Das Languedoc fährt zur Siegesfeier nach Paris. Alain Poher ist Interimspräsident der Republik, und Valéry Giscard-d'Estaing gibt auf der Tribune die ersten Autogramme, die seine kommende Amtszeit ahnen lassen.

1979 erobern Claude Spanghero, Lucien Pariès, François Sangalli und ihre Bande des RC Narbonne durch ihr präzis rhythmisiertes und genau kalkuliertes Spiel die Trophäe dann doch. Ich sitze unterdessen hinter den dicken Mauern des College Victor Hugo, wo die Sonne sich nur zwischen 11 und 15 Uhr blicken lässt. An diesem Montagmorgen wird uns die Überraschung zuteil, Spieler und Fans, die trunken vor Freude und vom Festgelage mit dem Zug aus der Hauptstadt zurückgekehrt sind, auf unserem Schulhof zu empfangen. Ich berühre den Schild, der mir schon in meinen jugendlichen Träumen erschienen war und stelle mir vor, wie ich selbst eines Tages gemeinsam mit meinen Kampfesbrüdern aus Narbonne auf Eroberungszug gehen werde.

Schon mit fünf Jahren habe ich meinen Tornister nach der Schule in die Ecke geworfen, um gemeinsam mit Serge, Régis und Angel das Match vom Sonntag nachzuspielen. Unser Leben findet auf der Straße statt. Unser Spielfeld wird zur Linken vom Haus meines Onkels und zur Rechten von dem meiner Eltern begrenzt. Unser „Rasen" besteht aus Beton und Kiesel schrammen uns die X-Beine auf. Die Woche über spielen wir die Sonntagspartie nach – leidenschaftlich, ungestüm, begeistert und bis zu drei Stunden täglich. Dabei lerne ich alle meine Tricks: die Kunst der Passfinte, den Drop-Kick, mein Gespür für Überzahlspiel. Wir stürmen unentwegt vorwärts. Als Jüngster gleiche ich fehlende Größe und mangelndes Gewicht durch Schnelligkeit und Geschicklichkeit aus und beherrsche bald die Kunst des Ausweichens.

Die Sonntage werden von meinem Vater Georges geregelt, der unter der Woche als Winzer und Weinhändler arbeitet, um sonntags seiner Leidenschaft für das „Ei" zu fröhnen. Nachdem er einst als Spieler in Carmaux, Perpignan und Bizanet Erfolge feierte, ist er nun als Schiedsrichter tätig und bewahrt sich so das Vergnügen, auf dem Spielfeld zu stehen, nah am Spiel und hautnah an den Spielern zu sein. Rugby ist mehr als nur ein Sport, Rugby ist Ausdruck einer kulturellen Identität. Und so stehen sich Sonntag für Sonntag um 15 Uhr das kraftvolle Béziers, das rebellische Barbonne, die rasenden Basken aus Bayonne, die Ästheten aus Mont-de-Marsan, die Leidenschaftlichen aus Toulon, die Abtrünnigen aus Nizza, die Schreibtischtäter des Racing Club de France, die Rüpel aus Brive und die Vermögenden aus Montferrand gegenüber.

Jedes zweite Wochenende fahren mein Vater, meine Mutter Geneviève und ich in eine von diesen Städten, wo mein Vater das Spiel anpfeift. Meine Schwester Guylaine bleibt zu Hause und lässt sich von unserer geliebten Großmutter verwöhnen. Auf diese Art lerne ich alle Stadien Frankreichs kennen, lange bevor ich selbst darin spielen sollte. Mich beeindruckt die Größe der Spieler und ich fühle mich zu den Stürmern hingezogen, zu den Starken – und zu allen, die mir bereitwillig Autogramme geben. Mein Vater, der als kompromisslos gilt, liebt vor allem solche Spiele, die „nach Schwefel riechen". Ein Schiedsrichter muss sich mit Überzeugungskraft und mit seiner Pfeife Gehör verschaffen – ein mannhaftes, aber nicht immer ganz korrektes Verhalten. Die verschiedenen Charaktere prallen aufeinander, und oft genug sind es die „Rumpelstilzchen", die ihren Willen durchsetzen. Astre, Sutra, Fouroux, Pebeyre, dann Gallion, Sanz, Martinez, Élissade sind gestählte Charaktere, die ihre Teams anführen, die besten Angreifer herbeilocken, die Bälle schrittweise ins Dreiviertel bringen und stets ein Kräftemessen mit ihrem Gegner und mit dem Schiedsrichter heraufbeschwören. Die Gedrängehalb-Spieler sind die Generäle. Sie führen die Mannschaften mit Disziplin, Strenge und ausgeprägtem Scharfsinn. Rugby ist eine Schule des Lebens. Sobald ich meine Angst davor abgeschüttelt habe, meinen Vater diese Schlachten dirigieren zu sehen, lasse ich mich von der Leidenschaft und der Energie überwältigen, die von dem Spektakel ausgehen.

Es ist schön, dieses traditionelle südfranzösische Miteinander, das ganz beiläufig den Sinn für Sakrales und für Opferbereitschaft vermischt! Da trifft man sich sonntags um 10 Uhr erst in der Kirche zum Gottesdienst, anschließend im Bistro, bevor man am Mittagstisch Platz nimmt, wo je nach Saison und lokaler Küche entweder Cassoulet oder Schweinsfüße, Kohlsuppe mit Speck, Bouillabaisse, Kalbsnieren oder Schmorbraten aufgetischt wird. Danach geht es ins Stadion, wo man 30 Minuten vor Anpfiff des Spiels auf der Tribüne Platz nimmt, den Teams beim Aufwärmen zusieht und an Derby-Tagen die gegnerische Mannschaft beschimpft.

Die gemeinsamen Mahlzeiten der Familie werden nach dem Rugby-Spielplan ausgerichtet. Mein Vater ist das jüngste von neun Kindern und Mutter die Älteste von acht. Es ist herrlich, eine so große Familie zu haben, auf Hochzeiten und Kommunionen zu schlemmen und sich als Teil eines Clans, ja eines Stamms zu fühlen. Meine familiären Wurzeln haben einen entscheidenden Einfluss auf meinen Entwicklungsprozess. Die eine Hälfte meiner Familie lebt in Saint-André-de-Roquelongue, einem Dorf mit 813 Einwohnern. Die andere Hälfte lebt in Narbonne und Lézignan.

Meine Freunde und ich steigen auf unsere Fahrräder und fahren zum Schwimmbad von Lézignan: jeden Tag 14 Kilometer hin und 14 Kilometer wieder zurück. Im Dorf findet das Leben, sobald das Wetter es erlaubt, auf der Straße statt. Fernsehen gibt es nicht, und die Mädchen spielen auch viel lieber mit Murmeln, die Jungs lieber Boule.

Im Winter trifft sich die ganze Familie vor dem Abendessen regelmäßig bei meiner Großmutter. Wir sprechen ausschließlich Okzitanisch. Politik ist tabu, und meine Großmutter weiß zu verhindern, dass es zwischen meinen verschiedenen Onkels und Tanten zu Streitigkeiten kommt. Der Clan teilt sich in radikale Sozialisten auf der einen und Gaullisten auf der anderen Seite. Da wallen die Leidenschaften schon mal auf, erst recht nach zwei, drei Gläsern selbstgebrannten Schnapses. Besser man spricht über Rugby oder Weinbau, da sind sich alle einig.

Nach der Rückkehr aus dem Algierienkrieg lässt sich mein Vater als Weinhändler nieder und hofft, die örtliche Wein-Kooperative als Händler vertreten zu können. Er bewirbt sich um die Präsidentschaft und wird knapp geschlagen, sicher auch, weil seine Pläne und Vorhaben zu avantgardistisch sind. Diese Niederlage erweist sich als Glücksfall: mein Vater erwirbt von der Familie Caillard das Weingut Villemajou und erzeugt 1973 seinen ersten eigenen Wein.

Er erkannte das Potenzial dieses Terroirs von Boutenac, wo die alten knorrigen Carignan-Reben einen göttlichen Nektar hervorbringen, und ist einer der ersten, die dem Rat von Henri Dubernet folgend Carignan ganztraubig keltern. Diese Technik hilft, den Geschmack, die Aromapalette und die Wucht dieser Rebsorte zum Ausdruck zu bringen.

In diesem Teil der Corbières ist der Boden übersät mit großen Kieseln. Mein Vater kauft in einigen renommierten Weingütern aus dem Bordeaux Eichenfässer und macht sich mit dem Barrique-Ausbau vertraut. In einer Region, die für ihre Tafelweine und Verschnitte mit Weinen aus Algerien und Italien bekannt ist, erfordert es eine Menge Mut, wenn man beweisen will, dass die Terroirs und Rebsorten es zwar mit den Größten nicht aufnehmen können, aber durchaus für Charakter, Geschmack und aufblühendes Handwerk stehen.

Da der Handel mit regionalen Weinen zur Entfaltung dieser Region, wo mit die ersten Weinberge der Welt wuchsen, keinen Beitrag mehr leisten kann, beschließt mein Vater gemeinsam mit ein paar Freunden, darunter Yves Barsalou, der zukünftige Präsident des Crédit Agricole, ein neues Modell zu entwickeln, um die Weinbauern in einer Kooperative zusammenzubringen. Sie gründen eine landwirtschaftliche Interessengemeinschaft. Dies ist der Beginn eines großen

Abenteuers und verhilft der Region zu neuem Aufschwung. Der „Verwaltungssitz" ist noch provisorisch: die Büros sind behelfsmäßig im Erdgeschoss unseres Hauses eingerichtet, Sekretärin ist meine Mutter, dazu kommen zwei Mitarbeiter. Die Vormittage verbringt mein Vater mit der Verkostung, Bewertung und Klassifizierung von 200 verschiedenen Weinen. Am Nachmittag fährt er dann auf die Märkte von Narbonne, Béziers, Beaucaire oder Sallèles-d'Aude, um Handelskontakte zu knüpfen. Den Weinhandel aufzugeben ist noch nicht möglich. Jetzt heißt es, die Käufer Schritt für Schritt davon zu überzeugen, dass diese Weine anders sind, elegant, rassig, markig. Weine aus Südfrankreich haben noch immer den verheerenden Ruf, nichts weiter zu sein als rote Tinte, die Flecken verursacht.

Es ist nicht leicht gewesen für meinen Vater, seiner Zeit 20 Jahre voraus zu sein, es hat zu Missverständnissen geführt, Missgunst geweckt und böses Blut geschaffen. Warum ein System verändern, das zwar nicht zukunftsorientiert ist, dafür aber den meisten Weinbauern ihr Auskommen sichert, um weiterhin als Selbstversorger ein Leben führen zu können, das bestimmt ist durch Weinbau, Jagd, Fischerei, Boule und den jährlichen Urlaub im August an den Stränden der Port-la-Nouvelle (heute Strand von Corbières)?

Die ersten Schritte sind immer die schwierigsten. Die Leidenschaft muss tief sitzen, die Überzeugung stark sein, um so hart für die Zukunft einer Region zu kämpfen. Mein Vater beginnt mit moderner Technik zu produzieren und versucht bei jedem Wein, den Charakter des Terroirs herauszuarbeiten. Zunächst verkauft er an die lokalen Restaurants, schnell aber auch an nationale Großhändler. Erste Erfolge stellen sich ein. Der Wein der Domaine Fontsainte im Besitz von Yves Laboucarié, einem Freund der Familie, wird im Elysée-Palast getrunken. Die Region horcht auf, als die Lokalzeitung *L'Indépendant* diese Neuigkeit verkündet! Das Rad der Geschichte lässt sich nicht mehr zurückdrehen.

2

Lehrzeit

Für mich wird es nun Zeit, meinen Teil beizutragen. Ich bin zehn Jahre alt, meine Schwester Guylaine ist 15 Monate älter. Meine Mutter führt die Riege der Erntehelfer an. Auch meine Großmutter nimmt mit ihren 75 Jahren noch an der Lese teil. Mithelfen ist eine Selbstverständlichkeit. Zunächst an den Wochenenden, später zwei Wochen am Stück. Mein Vater entscheidet: Guylaine in den Weinberg, Gérard in den Keller. Ich trage meinen bescheidenen Teil bei, und 1975 keltere ich meinen ersten Jahrgang. Da ich so klein bin, krieche ich in die Bottiche, um sie zu reinigen, verlese die Trauben, leere die Zuber und ziehe die Hebel an. Zehn Stunden am Tag verbringe ich bei den Arbeitern in der Kellerei und beobachte alles, vor allem die Strenge und die Genauigkeit von Onkel Paul Griffoul, dem Kellermeister. Mein Vater schaut ab und an vorbei, probiert die Weine, gibt Anweisungen. Ich versuche die Alchemie zu verstehen, die macht, dass Trauben, die keinen Geschmack haben, innerhalb weniger Tage zu einem Wein von intensiver Farbe und kräftigen, delikaten Aromen werden. Für mich ist das die reinste Zauberei.

Abends auf dem Heimweg schlägt mir der köstliche Duft nach gebratenen Kartoffeln und iberischem Schinken entgegen, der das ganze Dorf einhüllt und unser Viertel durchdringt, wo für die 500 Menschen, die sich für drei Wochen dort niedergelassen haben, spanisch gekocht wird. Zu Hause schlinge ich mein Abendessen hinunter und treffe mich für das Spiel Frankreich-Spanien mit meinen Freunden auf dem Dorfplatz. Das hat seinen Höhepunkt bald erreicht. Die Spanier sind technisch gewandter als wir, aber wir haben den Vorteil des Heimspiels. Eine Partie dauert oft länger als zwei Stunden und vereint mehrere Generationen. Wir haben nie versucht, Rugby gegen sie zu spielen, denn die meisten von ihnen hatten noch nie einen ovalen Ball gesehen.

Die zwei Wochen in der Kellerei sind um, es wird wieder Zeit für die Schule. An meinem letzten Tag kommt mein Vater mich abholen. Als ich zu ihm ins Auto steige, sieht er mich an: „Du hast Glück, Gérard, denn mit 50 wirst du schon 40 Jahre Erfahrung haben." Die Traubenlese findet nur einmal im Jahr statt, ein Grund mehr, so früh wie möglich damit zu beginnen. Die Worte meines Vaters bekommen eine tiefere Bedeutung, als er an einem Tag im Oktober 1987 bei einem tragischen Autounfall ums Leben kommt. Ich bin 22 Jahre alt. Meinen Militärdienst im Bataillon von Joinville, Abteilung Rugby, habe ich hinter mir. Vor drei Monaten bin ich offiziell in die Firma meines Vaters zurückgekehrt, und nach einer Pause will ich mich voll und ganz auf Rugby konzentrieren, denn seit zwei Jahren bin ich Stammspieler im heimatlichen Racing Club von Narbonne, der zur Elite des französischen Rugby zählt.

Das Schicksal entscheidet anders. Am 2. November um 7 Uhr morgens schließe ich fünf Mitarbeitern die Tür auf und teile ihnen mit mit Einverständnis meiner Mutter und meiner Schwester mit, dass von nun an ich die Geschäfte führen werde. Es gibt keinen Zweifel, ich bin bereit.

Am Abend des 27. Oktober hatte mein Vater nach dem Essen zu mir gesagt: „Bleib noch, wir müssen etwas bereden." Er erklärte mir seine Vision für den Weinbau und gab mir Ratschläge für meine gerade beginnende Karriere, auch hinsichtlich meiner Ambitionen beim Rugby. Zwei Stunden später als sonst ging ich mit dem wohligen Gefühl zu Bett, dass er mir vertraut. Mein Vater hatte eine starke Persönlichkeit und für mich war es damals viel einfacher zuzuhören, als den Austausch zu suchen. Unbewusst und vorausschauend erkannte er die Notwendigkeit, seine letzte Botschaft an mich weiterzugeben.

Fünf Jahre zuvor, im Jahr 1982, war er vom Bruch mit den Weinbauern der Septimanie, deren charismatischer Anführer er gewesen war, gezeichnet. Langsam, aber nachhaltig hatte sich in ihm eine andere Vision der Zukunft des Weinbaus festgesetzt. Sicher, die Produktion in der Region war deutlich gestiegen. Doch man hatte dabei versäumt, die Ursprünge zu wahren und war dem Lockruf des Marktes erlegen.

Georges Betrands Vision – ein pyramidales Modell das auf den Ausdruck des Terroirs und andere Werte aufbaute – wird nur von einer Minderheit unterstützt und gerät in Gefahr. Selbst erste bemerkenswerte Erfolge können nicht überzeugen, wenn die Zeit noch nicht reif ist. Dann ist es schwer, erstarrte Strukturen aufzubrechen, noch dazu, wenn man in der Verantwortung steht, gemeinsame Interessen zu vertreten. Mein Vater verlässt die Kooperative und kehrt auf das Familienweingut zurück. Und dank seines kaufmännischen Talents betreibt er bald eins der größten Weinhandelsunternehmen der Region. Glücklicherweise ermöglichen ihm Familie und Rugby-Freunde, seine Prioritäten neu auszuloten und nebenher mein Eintreten in das Team vorzubereiten. Und er betätigt sich als Berater jener Weinhändler, die ebenfalls mehr Wert auf Qualität legen wollen. Hier sind sein Weinwissen, seine Kompetenz und seine handwerklichen Fertigkeiten gefragt.

An jenem letzten Abend des 27. Oktober erklärt er mir, dass die Zukunft im Familienbetrieb liege, der ein Garant sei für Kontinuität und ein gemeinsames Ziel, eine Vision, die erfolgreiche Unternehmen wie Moueix, Guigal oder Duboeuf in Frankreich und Torres, Mondavi und Antinori auf internationaler Ebene teilen.

Bei den häufigen Abendessen, die meine Mutter für die Weinimporteure ausrichtet, lerne ich viel, auch über die Poesie, mit der mein Vater die Weine beschreibt. Eines Abends lerne ich dort Alain Favereau kennen, zweifellos einen der besten Weinverkoster Frankreichs (und auch nach 45 Jahren Karriere bei den Nicolas-Geschäften noch auf seinem Posten). Fünf Jahre später sollte ich ihm erneut begegnen und die Professionalität, das enzyklopädische Wissen, die analytische Strenge und die strenge Askese bei ihm wiederfinden.

Man kann einen Wein verkosten, indem man ihn als ein Erzeugnis sieht, das bei Tisch getrunken wird und ihn danach beurteilen, welche Mahlzeit er begleiten kann. Bei den Familien-Essen werden die Assemblagen meines Vaters einem schonungslosen Test unterzogen. Oft ist die Meinung meiner Mutter und meiner Schwester gefragt, denn Frauen reagieren offenbar sensibler auf Bitterstoffe, und ihr Urteil ist spontan. Eine einzige Bemerkung, die auf etwas Bitteres hinweisen könnte, und man kann von vorn beginnen. Ich habe dieses Ritual bis heute beibehalten und hole die Meinung meiner Frau Ingrid und meiner Kinder Emma und Mathias ein.

Ein Wein ist harmonisch und ausgewogen, oder er ist es nicht. Hier wird es subtil, es geht um Gespür und äußerste Genauigkeit. Mit Vorliebe habe ich an Verkostung und Assemblage der Weine meines Vaters teilgenommen. Es ist eine gute Schule gewesen. In dieser lehrreichen, strengen Zeit (die härter war als die heutige) hat man mit jedem Schritt eine Tür in unbekanntes Terrain geöffnet. Die Vorbilder sind Émile Peynaud, Jean-Claude Berrouet und Michel Bettane, das Gewissen des Weins sind Lalou Bize-Leroy, Wächterin über die Terroirs und Weine von Romanée-Conti, Nicolas Joly, Verfechter des biodynamischen Weinbaus und Jancis Robinson, die Stimme der Frauen in der Welt des Weins.

Zu der Zeit beendet Robert Parker gerade sein Studium und die englischen Weinkritiker wie Hugh Johnson und Steven Spurrier regieren die Welt. Die Eroberung des Marktes durch den Westen und der weltweite Handel stehen noch ganz am Anfang. In Kalifornien verkörpert ein Mann die Vision des neuen El Dorado: Robert Mondavi. Er beschreitet einen neuen Weg, indem er auf den Geschmack der einzelnen Rebsorten setzt, was einfacher und weniger geheimnisvoll ist als der Terroir-bezogene Ansatz. Das ist der Beginn des Wettbewerbs. Die Mächtigen der Welt werden auf die Suche nach dem roten Gold aufmerksam. In Japan entwickelt sich ein großer Respekt für französische Weine. Die Chinesen horchen auf und entdecken ihre Vorliebe für die großen Bordeaux-Weine. Das Ansehen Frankreichs in der Welt trägt zum guten Ruf des Bordelais und der Champagne bei und eröffnet das Rennen auf Weine aus den Regionen Sancerre, Beaujolais und Côtes du Rhônes.

Die Weine Südfrankreichs gelten noch immer als Tafelweine, könnten aber eine große Zukunft haben. Einige kluge Köpfe erkennen ihr Potenzial intuitiv und weniger durch Kennerschaft. Das erste Kapitel dieser Region ist geschrieben, nun gilt es, die Geschichte der Weine aus dem Süden Frankreichs fortzuschreiben. Noch sind sie keine eigene Kategorie. Auf der einen Seite steht die Schule der Rebsorten, mit Schneid angeführt von Robert Skallo, der als erster erkannte, dass das Languedoc das fabelhafte Potenzial besitzt, Weine zu erzeugen, die der internationalen Nachfrage entsprechen. Auf der anderen Seite stehen die Traditionalisten, die im Terroir den Schlüssel zum Erfolg sehen. Die Brüder Jeanjean, Jacques Berges-Grulet, Aimé Guibert, Aimé und André Cazes sind Zeitgenossen meines Vaters und seiner „Winzerbande" in den Corbières. Das Prinzip Erzeugerabfüllung bürgt für die Herkunft der Weine und hat eine beruhigende Wirkung auf die Konsumenten der Weine aus unserer Region.

Zu der Zeit sehe ich mich zwei großen Herausforderungen gegenüber: französischer Rugby-Meister zu werden und das Potenzial der

Weine unserer Region zu offenbaren. Entscheiden ist verzichten. Also bin ich entschlossen, beides zu schaffen.

Eines Morgens im Winter 1993, als ich gerade eine Runde im Weinberg drehen will, klingelt das Telefon. „Bonjour, Monsieur Bertrand. Hier ist Christophe Blanck, der neue Direktor der Einkaufsabteilung von Carrefour. Ich habe von Ihnen gehört und würde Sie gern treffen." Er stattet mir hier im Süden einen Besuch ab. Einen ganzen Tag lang besichtigen wir diverse Kellereien und verkosten an die hundert Weine. Ich erkläre ihm meine Arbeitsweise als Weinbauer und als Weinberater für einige sehr gute Weingüter. Er fragt: „Möchten Sie für Carrefour zum Lieferanten für Raritären aus dem Languedoc und Roussillon werden? Wir müssen unser Angebot überdenken und wollen unseren Kunden mehr Qualitätsweine bieten. Ich schlage vor, dass Sie die Weine der regionalen Weinhändler für uns verkosten und bewerten." Nach reiflicher Überlegung lasse ich mich auf das Angebot ein, wohlwissend, dass meine neue Position in der Region für Gesprächsstoff sorgen wird. Da ich mich ausschließlich für Qualitätsweine einsetze und anderen Weinen gegenüber unnachsichtig bleibe, erhalte ich zwar einige Drohungen, doch bei meinen breiten Schultern... Ich gewinne also das Spiel und kann dazu beitragen, das Renommee der Weine unserer Region beim weltweit zweitgrößten Weinhändler deutlich zu verbessern. Nach zwei Jahren gewissenhafter Arbeit halte ich meine Mission für beendet. Es ist an der Zeit, meine eigenen Weine weiterzuentwickeln.

3

Rugby als Schule des Lebens

Seit acht Jahren führe ich ein Doppelleben zwischen Sport und Beruf. Meine Lehrzeit als Rugby-Spieler, die in den Straßen des Dorfs begonnen hat, setze ich in einer Sportschule für Rugby unter der Leitung meines Onkels Paul Bertrand fort. Gemeinsam mit meinem Vater hat er 1974 eine Schule wiederbelebt, die 1913 gegründet wurde, sich aber seit dem Krieg im Tiefschlaf befand. Mein Vater Georges ist für die sportlichen Belange verantwortlich, mein Onkel Paul für den gesamten Rest.

Voller Begeisterung lasse ich mich von der Passion der beiden Brüder, aber auch von ihren so gegensätzlichen Charakteren beflügeln. Mein Vater kümmert sich um die menschliche Seite. Er weiß, wie er die Spieler motivieren und auf den Kampf vorbereiten kann. Die Anfänge gestalten sich schwierig. Das Spielfeld ist extrem trocken, der Boden von schlechter Qualität. Der Rasen ist voller Quecken, einem hartnäckigen Unkraut. Im Sommer bildet es stachelige Spelzen aus, die sich in die Muskeln bohren.

Das Rugby-Training findet abends statt, ab Oktober bei Mondschein. Mein Vater entwickelt Trainingseinheiten ohne Ball. Aus den Spielern, von denen die wenigsten trainierte Sportler sind, macht dieses Ausdauertraining gute Athleten. Eines Abends ist das Spielfeld überschwemmt. Statt unverrichteter Dinge wieder nach Hause zu gehen, verlagern wir unser Training ins Gelände. Wir laufen querfeldein durch Weinberge, über Wege und Straßen – alles in Stollenschuhen. Mit blutigen Füßen kehren wir in den Umkleideraum zurück. Ich bin damals zwölf Jahre alt und Teil dieses menschlichen Abenteuers, das so wichtig sein wird für meine persönliche Entwicklung. Ich fühle mich wohl unter den Erwachsenen, der Müßiggang der Jugend ist für mich nur Zeitverschwendung. Ich möchte erwachsen werden und unabhängig sein. Meine Helden sind Henri, Claude, Patrick, Antoine, Alain, Jean-Paul und all die anderen, die dem Ruf meines Vaters gefolgt sind.

Rugby ist eine Schule fürs Leben, ein Lehrstück der Brüderlichkeit und des Zusammenlebens. Man muss am selben Strang ziehen, teilt den Rausch des Erfolgs und die Enttäuschung der Niederlage. Die Suche nach dem Heiligen Gral besteht darin, französischer Meister im Rugby zu werden. Zweimal scheitert die Mannschaft meines Dorfs im Finale. Beim dritten Mal klappt es, nach zwei Spielen und einem Gleichstand von 12 zu 12. Unmöglich, zwischen Saint-André – den Männern aus den Corbières – und Coursan, der Stadt der Tafelweine – zu einer Entscheidung zu gelangen. Aber dabei kann es nicht bleiben. Der Brennus-Schild gebührt demjenigen, der ihn sich bei den Organisatoren abholt. Gemeinsam mit dem Kapitän der Mannschaft steigt mein Vater die Tribünen hinauf und diskutiert unerbittlich mit dem Spielbeauftragten, den ich schließlich sagen höre: „Wenn du den Schild unbedingt willst, dann nimm ihn doch!" Mein Vater nimmt ihn und übergibt ihn dem Kapitän, der am 12. Juni 1982 die Trophäe im Stadion Albert-Domec in Carcassone in die Höhe reckt. Die Menge ist außer sich vor Freude und es wird den ganzen Sommer lang gefeiert.

Mit elf Jahren komme ich ins Internat von Narbonne, wo ich im Rugby-Club spiele. Man ernennt mich zum Kapitän. Es dauert etwas, bis ich der Führungsrolle gerecht werden kann und bald erzielen wir einige Erfolge, erleben allerdings auch zahlreiche Niederlagen. Wir sind ein gutes Team, aber ohne herausragende Fähigkeiten. Das

Wesentliche liegt anderswo. Nach und nach lernen wir dazu. Wir treten gegen die besten Mannschaften der Region an und bemühen uns, dem übermächtigen Team aus Béziers, das auf Erst-Liga-Niveau spielt, etwas entgegenzusetzen. Wir müssen unser Zuspiel verbessern, wir müssen lernen, uns dem Gegner zu stellen und ihn zu Boden zu werfen. Jede Partie wird zum Match im Match mit dem direkten Gegenüber. Alle Tricks sind erlaubt, sogar die körperliche Einschüchterung des Gegners, und wenn nötig kommt auch die Faust zum Einsatz. Das Publikum am Rand des Spielfelds feuert uns an, „ihnen in die Fresse" zu hauen. Nach dem Spiel benutzen alle die Gemeinschaftsduschen. Wir verarzten unsere Wunden und treffen uns im Anschluss auf ein Glas im Clubhaus. Wenn es die Besten unter uns in die Regionalauswahl schaffen, lösen sich die Rivalitäten in Luft auf, und es beginnt der gemeinsame Kampf um die nationale Trophäe.

Im gemeinsamen Umkleideraum schwören wir uns auf das kommende Spiel ein, danach stehen wir 80 Minuten lang zusammen auf dem „Schlachtfeld", wo wir auf Teamgeist und Solidarität setzen. Mit der Entschlossenheit, unsere Passion, unseren Traum des gemeinsamen Abenteuers zu leben, wollen wir die Welt erobern.

Mit 19 spiele ich bei den Junioren. Einige Wochen zuvor habe ich Kontaktlinsen bekommen und sehe schärfer. Im Spiel gegen Béziers werde ich mir meines Potenzials bewusst. André Delpoux, der Großvater von Marc, meinem künftigen Verbündeten an der dritten Linie, erklärt meinem Vater: „Gérard wird bald in der ersten Mannschaft spielen, ich habe ihn am Sonntag gesehen, er wird bald so weit sein." Sechs Monate später beruft man mich in die erste Mannschaft.

Nachdem ich meine Ausbildung am landwirtschaftlichen Fachgymnasium von Carcassone beendet habe, besuche ich die Sportschule in Toulouse, wo ich Robert Bru, genannt „Robert la Science" kennenlerne. Gemeinsam mit Pierre Villepreux und Jean-

Claude Skrela hat er die Grundlagen des *jeu toulousain* erarbeitet und weiterentwickelt. Er öffnet mir die Augen für eine Spielweise des Rugby, in der man ständig in Bewegung und in Aktion ist. Ich lerne schnell und werde in die Nationalmannschaft der französischen Universitäten berufen. Ich habe das Glück, großen Spielern wie Franck Mesnel und Denis Charvet zu begegnen, die auf nationaler wie internationaler Ebene bereits Stars sind. Unter Olivier Saissat, einem herausragenden, präzisen, direkten Trainer, der sich nicht auf Kompromisse einlässt, erleben wir eine triumphale Tournee auf den Britischen Inseln. Am Ende der Saison bietet sich mir die Möglichkeit, mich in Narbonne zu behaupten und als Stammspieler zu etablieren. Man muss schon die Ellenbogen einsetzen, denn die Konkurrenz ist groß, vor allem beim Training. Ich schwimme auf der Welle des Erfolgs, der in den Corbières geschmiedet wurde.

Wir sind eine unglaubliche Spielergeneration, angetrieben vom Hunger nach Erfolg. Unser Präsident Bernard Pech de La Clause hat gemeinsam mit seinem Verbündeten Jean-Louis Despoux die glückliche Idee, Raoul Barrière, den „Hexer" von Béziers, zu uns zu holen. Er ist bei unseren Nachbarn aus Béziers zur Legende geworden. Schnell zeigen sich Resultate, und seine Methode ist einzigartig. Trainingsrhythmus, Spielvorbereitungen, alles ist anders. Zweimal in der Woche verbringen wir drei Stunden auf dem Spielfeld, also doppelt so viel wie bisher. Bevor wir aufs Feld gehen, entspannen wir uns nach den Regeln der Sophrologie. Was die Mannschaft zusammenhält, ist ihre Einheit, ihre Einheitlichkeit. Auf allen Positionen stehen Leader, und dazu haben wir zwei außergewöhnliche Spielführer, zwei verdiente Herren des Spiels: Francis Dejean im Angriff und Henri Sanz an der Dreiviertel-Linie. Letzterer ist der Kapitän, denn er spielt als Gedrängehalb und führt die Spielmanöver. Er hat bereits auf internationaler Ebene gespielt, hat einen gefestigten Charakter, einen geschärften Blick für das Spiel und verfügt über die mentalen Fähigkeiten eines Kriegers. Er ist eine Führungspersönlichkeit mit einer unerschütterlichen Gesundheit und einer außergewöhnlichen mentalen Stärke. Francis kommt aus Ariège, genauer: aus Foix. Er ist uns über Verbindungen, die wir nach Ariège pflegen, empfohlen worden. Wir wissen nichts über ihn. Nach nur wenigen gemeinsamen Trainingseinheiten führt er die erste Mannschaft ins erste Match gegen Mont-de-Marsan, die Nummer 4 auf dem Rücken. Vierzehn Spielzeiten lang wird sie ihm niemand streitig machen.

Als das Spiel zehn Minuten alt ist und das dritte Gedränge läuft, fragt er Robert Nivele, unseren Hakler: „Habt ihr einen Codex?" Dieser antwortet: „Wir brauchen hier keinen Codex." Zehn Sekunden später liegt der Hakler der gegnerischen Mannschaft auf dem Boden. Das ist der Auftakt von Francis' Karriere. Für ihn ist Rugby eine fortwährende Auseinandersetzung, und auf dem Spielfeld strahlt er Selbstvertrauen und Kraft aus, wodurch er der Mannschaft ein Gefühl der Sicherheit verschafft. Angst ist ihm völlig fremd. Er und Gilles Bourguignon formen eine furchterregende und geeinte zweite Linie.

Wir sind hungrig nach Siegen, nach Anerkennung und wollen uns unsere Lorbeeren verdienen. 1988 schaffen wir es gegen Agen und 1989 gegen Toulon bis ins Halbfinale. Die erste Partie verlieren wir zu Unrecht aufgrund fragwürdiger Schiedsrichterentscheidungen, die zweite gewinnen wir im Jahr darauf klar gegen die sehr gute Mannschaft aus Toulon. Drei Jahre in Folge gewinnen wir den Wanderpokal Yves-du-Manoir, gegen Biarritz, Grenoble und Bègles. Dieser Wettkampf ist in den Augen der Spieler so viel wert wie die französische Meisterschaft in dieser Liga. Eine Europameisterschaft gibt es noch nicht und die nationalen Titel haben einen hohen symbolischen Stellenwert. Wir stehen in dem Ruf, hart zu spielen und eher auf Konfrontation zu gehen, statt auszuweichen. Wir lieben die Provokation und die Herausforderung.

Unsere Devise ist: Wir wollen lieber gefürchtet als bemitleidet werden. Es wird weniger streng gepfiffen als heutzutage und man muss sich auf den Spielfeldern in ganz Frankreich Respekt verschaffen. Murray Mexted, der berühmte Spieler der All Blacks, der ein paar Jahre zuvor nach Frankreich gekommen war und für Agen spielte, sagte damals: „Im Feld des Feindes zu fallen, ist in Frankreich gleichbedeutend damit, für das Vaterland zu sterben." Schläge ins Gesicht, in die Kniekehlen, in die Rippen gehören dazu und werden akzeptiert. Was nicht gesehen wird, wird nicht gepfiffen. Als ich bei einem meiner ersten Spiele gegen Béziers im Feld des Gegners falle, folgt die Strafe auf dem Fuß: Diego Minaro, der „Minotaurus", bricht mir zwei Rippen. Es vergehen fünf Minuten, in denen ich nach Atem ringe, bevor ich wieder zur Besinnung komme, dann nehme ich das Spiel wieder auf und halte bis zum Ende durch.

Solche Spielregeln stehen natürlich nicht im offiziellen Regelbuch, das von den Spielern ohnehin keiner auch nur auszugsweise gelesen hat. Ich bin die Ausnahme und studiere es gründlich. Als Sohn eines Schiedsrichters verstehe ich schnell, welchen Vorteil es mit sich bringt, tatsächlich nach den Regeln zu spielen. Mein Wissen verschafft mir vor dem Gegner oft den Vorteil jener Millisekunde, die es braucht, um erkennen zu können, welchen Fortgang das Spiel nehmen wird. Das von den Engländern erfundene Rugby ist „ein Gaunersport, gespielt von Gentlemen." (Jean-Pierre Rives) Der Krieg dauert genau 80 Minuten, und nach dem Spiel siegt immer der Respekt.

In den 1990er-Jahren gelten für diesen Sport noch die Amateurregeln. Wir sind höchst zufrieden damit, uns zweimal in der Woche zu treffen und auf das Spiel des kommenden Sonntags vorzubereiten. Samstags ruhe ich mich aus, um Kraft für den nächsten Tag zu schöpfen. Die Woche hat einen klaren, saisonbedingten Rhythmus, vor allem während der Traubenlese. Ich lebe allein, fast wie ein Mönch, nur nach unseren großen Siegen erlaube ich mir ein paar nächtliche Ausschweifungen.

Im Alter von 22 bis 29 führe ich das Doppelleben eines Firmenchefs und eines Hochleistungssportlers. Mir wird das Glück zuteil, für die A-Nationalmannschaft nominiert zu werden, und so komme ich zum Barbarian Rugby Club. Das ermöglicht es mir, zu reisen, neuen Menschen zu begegnen und vor allem mein Leben in vollen Zügen zu genießen. Ich bin mir des Privilegs bewusst, von meinen Gegnern wie von meinen Kampfgenossen respektiert zu werden.

Der Erfolg ist dabei nicht das Wichtigste, es ist vielmehr das zwischenmenschliche Abenteuer der Kämpfe, der Gemeinschaft, der Siege und Niederlagen, aber auch der legendären Feste. Wir pflegen eine Feierkultur und gefallen uns darin, unsere Grenzen immer weiter auszutesten und im Übermaß zu leben, um uns besser kennenzulernen. Das fördert den Teamgeist, erhöht den Zusammenhalt und steigert das Selbstvertrauen.

Nur den Brennus-Schild werde ich niemals in Händen halten. Am Ende meiner Spieler-Karriere ist abzusehen, dass dies ein unerfüllter Traum bleiben wird. Meiner Karriere in Narbonne verdanke ich das Privileg, zwei Spielzeiten lang mit Didier Codorniou, dem Maradona des Rugby, zu spielen. Er ist der erste, der – instinktiv – „quantisches" Rugby spielt. Der zweite, der so spielen wird, ist Jonny Wilkinson, der dies allerdings weniger intuitiv, sondern schon sehr überlegt tut. Innerhalb des Bruchteils einer Sekunde kann er seine Laufrichtung wechseln, einen Raum öffnen, eine Lücke reißen, wo andere nur die Gefahr sehen. Er verleiht Raum und Zeit eine neue Dimension. Seine Genauigkeit beim Laufen und sein ausgeprägter Sinn für Pässe fordern die Gesetze der Schwerkraft heraus. Er ist Mozart in einem Rugby-Shirt. Er ist für dieses Spiel geboren und wird leuchten an dessen Firmament.

Ich kreuze die Klinge auch mit echten Monstern, darunter Philippe Dintras – viele Jahre der beste Angreifer der Welt, ein äußerst physischer Spieler, ein echter Krieger, einer, der viel bewirkt, ein Anführer –, Éric Champ, Rebell, Seele von Toulon, Gladiator und

Mann für alle Herausforderungen, und viele andere. Die Liste derer, mit denen ich mich gern gemessen habe, ist lang.

Manchmal bin ich im Traum bei dem Gedanken an dieses „Stück Holz" hochgeschreckt, an diese Trophäe, die in greifbare Nähe rückt. Heute ist dieses Kapitel abgeschlossen. Mir bleibt die Erinnerung an die Zeit jugendlicher Begeisterung, an die Kraft unseres Teams, an die Freundschaften und auch an die Lektionen, die mir auf dem Weg der Eroberungen zuteilwurden. Ein neues Kapitel meines Lebens beginnt, als ich beschließe, meine Karriere im *Stade Français* in Paris zu beenden.

4

Die Umstellung

Meine Tage als Spieler in Narbonne sind nun gezählt, es gilt Platz zu machen für die nächste Generation. Spieler wie Labit und Belzons repräsentieren die Zukunft des Clubs. Die Entscheidung fällt mir nicht leicht. Am Abend unserer Viertelfinal-Niederlage gegen Castres, nach 17 Jahren Zugehörigkeit zum Club, sage ich meinem Kapitän Henri Sanz, dass sich unsere Wege trennen werden. Meine Geschäfte laufen immer besser, aber mein Körper zeigt erste Ermüdungserscheinungen. Ich eröffne in Paris ein Büro und biete dem *Stade Français* meine Hilfe dabei an, die französische Rugby-Elite zurückzuholen. Mein Freund Jean-Baptiste Lafond, eins der größten Talente unserer Generation, weitere renommierte Spieler und ich – wir sorgen gemeinsam dafür, dass der Club wieder in die erste Liga aufsteigt. Nach zwei Nasennebenhöhlenoperationen und einer roten Karte von den Ärzten des Teams ist meine Mission beendet. Mein Schicksal ist besiegelt.

In dieser Zeit lerne ich Max Guazzin kennen, einen großartigen, intelligenten Präsidenten mit einer Vision, einem angeborenen Talent für Kommunikation und einem ausgeprägten Sinn für zwischenmenschliche Beziehungen. Er bringt nicht nur die Mannschaft zurück auf ein hohes Niveau, er führt auch den Sport in eine neue Dimension. Er bricht die Codes, verfolgt eigene Ideen, räumt mit Tabus auf, setzt auf Ästhetik, auf Schönheit, auf lebhafte Auseinandersetzung und schafft vor allem eine solidarische Gemeinschaft. Damit ist er seiner Zeit voraus: Hier liegt der Schlüssel zum Erfolg des Clubs, der nach und nach alles im französischen Rugby gewinnt, das sich nun zu einem Publikumssport entwickelt hat. Frauen und Kinder kommen ins Stadion, das Spektakel beginnt bereits eine Stunde vor dem Anpfiff und endet eine Stunde danach. Willkommen in Max Guazzins Universum! Mit seinem Genie gelingt es ihm, die grundlegenden Werte des Rugby zu vermitteln, und zwar nicht nur den Insidern, sondern allen, die den Sport lieben. Während meiner letzten Saison bin ich sechs Monate lang verletzt und nicht einsatzfähig, sodass ich mir die Zeit nehmen kann, dieses Spektakel zu analysieren, das nicht mehr nur „auf der Bühne" stattfindet, sondern jetzt in den Kulissen beginnt, bzw. noch früher, nämlich bereits im Kopf.

Während eines Abendessens präsentiert uns Max seine Idee, eine Schallplatte mit den Liedern der dritten Halbzeit und einigen Kompositionen, die nur er kennt, aufzunehmen. Und er will, dass wir die Lieder singen. Nach zweimonatigen Proben sind wir als Les Droper's zu Gast in mehreren Fernsehstationen, unser Lied *Ce soir on vous met le feu* wird zur goldenen Schallplatte und in den Stadien und Diskotheken gespielt! Welch ein Abenteuer, das Entdeckungsfreude, Professionalität und Teamgeist vereint!

Mein Jahr in Paris dient mir auch dazu, Kontakte zu knüpfen und verschiedene Vertreter großer Einkaufsabteilungen zu treffen. Jean-Pierre Andlauer, Einkäufer für die Gruppe Monoprix, probiert meine Weine und eröffnet mir, dass die Corbières-Weine von der Jury Gault & Millau verkostet werden. Ungeduldig warte ich auf das Ergebnis. Gute Neuigkeiten: Der Wein wird für das ständige Sortiment ausgewählt. Henri Gault, einer der berühmtesten Gastronomie-Kritiker, hat inzwischen gemeinsam mit seinem Berufskollegen Christian Millau das angesehene Magazin Gault-Millau gegründet. Gemeinsam mit Monsieur Andlauer sucht er mich im Frühjahr 1995 in Südfrankreich auf. Ich bereite sorgfältig zwölf Weine zur Verkostung vor. Es ist zehn Uhr morgens im Weinkeller des Weinguts Villemajou. Die Verkostung beginnt, die Weine werden durchgereicht. Nach eineinhalb Stunden und seitenweise Notizen fällt das Urteil. „Ich habe mir elf Weine notiert", sagt Henri Gault. Einen Moment verschlägt es mir die Sprache. Ich, der kleine Winzer aus den Corbières, der gerade beginnt, seine Weine des Südens aufzubauen! Dem Einkäufer erscheint das zu viel, doch sein Chef besteht darauf und lässt nicht locker: „Diese Weine repräsentieren die Zukunft, sie sind frisch, bezahlbar, und sie verweisen deutlich auf ihre Herkunft. Wir müssen sie haben!" Mehrere Jahre lang bleibt die Firma mein bester Kunde und verschafft mir weltweit Ansehen für mein Handwerk.

Johannesburg, 24. Juni 1995, 3 Uhr morgens. Meine Freunde Pierre, Jean-Pierre und ich feiern diesen denkwürdigen Tag in einem Nachtclub mit Whisky-Cola. Einige Stunden zuvor waren wir Zeuge eines historischen Nachmittags: Die südafrikanische Rugby-Nationalmannschaft hat Neuseeland im Finale der Weltmeisterschaft geschlagen und die Regenbogen-Nation hat sich ausgesöhnt. Die Schwarzen, die Weißen, alle tanzen in den Straßen, singen gemeinsam und feiern diesen Tag der Anmut, den ein einziger Mann möglich gemacht hatte: Madiba, Nelson Mandela. Nach langen Leidensjahren und Jahren der Isolation ist er fähig gewesen, zu vergeben und sein Herz zu öffnen, hat er den Hass zum Verstummen gebracht und eine neue Ära für dieses gespaltene Land eingeleitet. In dem Film *Invictus* kann man diese wichtige Botschaft, die die Springboks (die südafrikanische Nationalmannschaft) mit dem südafrikanischen Volk teilen, nachempfinden (abgesehen von einigen für Rugby-Kenner albernen Szenen).

Zu den Werten des Rugby gehören das gemeinsame Erleben, die Solidarität, die Brüderlichkeit und eine große Portion Demut. Das Gedränge im Rugby demonstriert die Kraft, die eine Mannschaft freisetzen kann, am besten. Ein Haufen Fleisch und Knochen von acht riesigen Kerlen, zusammengeschweißt in dem Bestreben, das „Ei" zu erobern und der eigenen Mannschaft zuzuspielen, damit sie in Richtung der gegnerischen Torlinie vorstoßen kann. Diese Anstrengung, diese Verbundenheit, diese gemeinsam generierte Kraft, die für den Zuschauer unsichtbar ist, ist eine Hymne an den Teamgeist, an die Macht der gemeinsamen Anstrengung, an den Willen zur gegenseitigen Aufopferung. Das Individuum wird durch die Mannschaft erhoben. Aus Angst wird Mut und jeder Schritt nach vorn bringt Helden hervor, die sich Zentimeter für Zentimeter vorankämpfen in Richtung der gegnerischen Torlinie.

Wir spüren die ganz besondere Atmosphäre an diesem Tag im Stadion. Nelson Mandela, der Präsident, begrüßt die Mannschaften im südafrikanischen Trikot. Die All Blacks sind wie versteinert und bewundern diesen Mann insgeheim für sein Charisma. Die Menge tobt. Dieser Augenblick wird als Gründungsmoment in die Geschichte der Nation eingehen. Einige der Neuseeländer, die nicht in ihrer allerbesten Form sind, zeigen die Größe, sich nicht gegen die historische Dimension dieses Tages aufzulehnen.

Ich teile meine Gefühle dieser Nacht mit François Sangalli, einem ehemaligen Spieler aus Narbonne, ebenso wie meine Zukunftsvision für unseren Club. Um vier Uhr morgens betritt hier am anderen Ende der Welt der neue Präsident, Jean-Louis Barsalou, die Diskothek. François erzählt ihm von meinen Ideen für die Zukunft des Clubs. Es gibt kein Zurück mehr. Die Würfel sind gefallen.

Und so bin ich einen Monat später mit 31 Jahren Teil der Führungsriege des Clubs und werde im Jahr darauf dessen Präsident. Drei Jahre sind ins Land gegangen, und wieder messe ich mich mit den Besten. Dank dieser reichen Erfahrung lerne ich einige wichtige Lektionen für die Zukunft. Ich begreife schnell und vor allem lerne ich, dass man das Geld anderer, das Geld eines Vereins, nicht so verwalten kann wie das Geld einer Firma. Es braucht einen politischen Ansatz, einen Sinn für Diplomatie, beides nicht kompatibel mit jugendlichem Ungestüm. Präsidenten sind nur kurz an der Macht, ihre Amtszeit muss nutzbringend sein. Nach drei Jahren harter Arbeit überlasse ich den Platz meinen Nachfolgern mit dem Gefühl, den Club in das Zeitalter der Professionalisierung geführt zu haben. Meine Zukunft liegt woanders.

5

Die Wende

Nach diesem Jahr in Paris bin ich mehr denn je davon überzeugt, dass meine Zukunft im Süden liegt. Ich kann mir nicht vorstellen, für immer in einer Großstadt zu leben, sei sie noch so attraktiv und berühmt. Auf dem Land bin ich verwurzelt, nur dort kann ich Ruhe finden, nur dort meine Energiereserven aufladen. Paris wird ein strategischer Stützpunkt für die Weiterentwicklung meiner Aktivitäten bleiben, doch gelegentliche, aber regelmäßige Aufenthalte werden völlig ausreichend sein. Ich profitiere von den Kontakten, die über das Rugby entstanden sind, um wiederum neue Kontakte zu knüpfen. Man nennt das sozialen Aufstieg, in Zeiten des Amateur-Rugby war dies die Regel.

Eines Abends während der dritten Halbzeit beschließen Claude Spaghero, Dominique Erbani, Daniel Dubroca, Jean-Patrick Lescarboura, Philippe Saint-André, Jean-Baptiste Lafond, Jean-Luc Joinel, Philippe Sella, Laurent Cabannes, die Brüder Camberabero, Stéphane Graou, Pierre Rougon, José Mateo, Jacques Fouroux und ich, einen Club zu gründen, dem all jene angehören sollen, die einst auf internationaler Ebene Rugby gespielt haben und nun in der Lebensmittelproduktion tätig sind. Unsere Idee ist, unsere Produkte direkt an die Vertriebsketten zu verkaufen. Wir bieten ausgewählte regionale Produkte an: Gänseleber aus Gers, Cassoulet aus Castelnaudary, Nudeln aus Romans, Käse aus den Pyrenäen, saisonales Obst, Weine aus Südfrankreich, Champagner, Kaffee – eine Auslese an kulinarischem *savoir-faire* und französischen Weinen. Das Unternehmen Casino schenkt uns sein Vertrauen und so treffen wir uns mit Kunden und Vertriebsgruppen. Man lädt uns nach Besançon zu einer Fachmesse ein. Patrick Sébastian, der beliebteste Showmaster Frankreichs, schließt sich uns an, denn auch er liebt Rugby und gutes Essen. Wir spielen ein Match gegen die Lokalmannschaft und feiern anschließend mit einem großen Publikum ein Fest. Am Abend betreten wir im Kongresszentrum der Stadt vor 6000 Besuchern die Bühne. Das Publikum ist gekommen, um uns zu sehen und uns zuzuhören, als wären wir Künstler. Unsere Ausstrahlung und unser guter Ruf wirken Wunder. Unsere Produkte verkaufen sich hervorragend, und die Berühmtheit einiger unserer Mitglieder tut ein Übriges.

Im Zug am nächsten Morgen taufen wir unsere Gruppe „Die Gastronomen des Rugby". Vier Jahre lang besuchen wir Vertriebsunternehmen in ganz Frankreich und bauen ein Unternehmen mit großer Reichweite auf. Carrefour, Leclerc, Système U, Auchan und Intermarché lassen sich von uns und unserem Konzept verführen. Wir machen auch pikante Erfahrungen und bei unseren legendären, von Jacques Fouroux moderierten Abenden ist es, als würden wir die Welt neu zu erfinden. Ich bin noch nie einem so charismatischen Menschen wie Jacques, dem Prinzen der Gascogne, begegnet. Er war stets dabei, einen Kampf auszufechten, eine Sache zu verteidigen, hat das Genie und den Willen, irgendetwas zu verbessern, ohne darüber jedoch die zwischenmenschlichen Beziehungen aus dem Blick zu verlieren. Meine Geschäfte profitieren von diesem gastronomischen Schwung, sie entwickeln sich und verschaffen mir Kontakte in die höchsten Vertriebsstrukturen Frankreichs. Nach einer Werbeveranstaltung, bei der wir in der Nähe von Lyon ein Rugby-Match ausgetragen haben, höre ich einen der Einkäufer unter der Dusche sagen: „Das ist das erste Mal, dass ich den Arsch eines unserer Lieferanten sehe." Wenn das kein Zeichen guter Kontakte ist.

Als Weinbauer stelle ich mir immer die Frage nach der Strategie, den Zielen und den Mitteln. Es braucht Zeit, bis ich Antworten finde und meine Prioritäten definiert habe. So taste ich mich langsam vor, bereit, aus Fehlern zu lernen. Auf jeden Fall bin ich fest entschlossen, keinerlei Kompromisse hinsichtlich der Qualität des Weins zu machen und die Dinge weltweit statt auf europäischer oder gar französischer Ebene zu planen. So reise ich unermüdlich umher, beobachte und lerne, wie sich die Weinmärkte in den sogenannten Schwellenländern entwickeln. Parallel dazu mache ich mich daran, meine Anbauflächen durch den Ankauf von Weingütern zu erweitern. Da ich weder persönlich noch als Aktionär meines Betriebs über große Reichtümer verfüge, lerne ich schnell, vertrauensvolle Kontakte zu Banken zu knüpfen.

Die Entwicklung geht zügig voran, ich kann 1995 das Weingut Cigalus, 1997 das Gut Laville-Bertrou und 2002 L'Hospitalet erwerben, letzteres mit Hilfe von Patrick Colom, der später mein Finanzberater wird. Unsere erste Begegnung findet auf einem Rugby-Feld statt. Er hat wohl einen Funken Verrücktheit in mir gesehen, der mich in seinen Augen sympathisch erscheinen lässt. Und obwohl er bereits internationale Firmen wie Essilor und die ganz großen Weingüter im Burgund berät, ist er bereit, sich auf meine Anfrage einzulassen. Seine lakonische Antwort: „Gérard, da liegt allerhand Arbeit vor dir!" Meine Angelegenheiten müssen rechtlich und steuerlich geregelt werden, um die Banken zu beruhigen und meiner Firma zu ermöglichen, in eine höhere Liga aufzusteigen.

Als Jacques Ribourel, der Besitzer von L'Hospitalet, Ende 2001 anruft, um sich mit mir zu treffen, denke ich nicht, dass er mir sein Weingut überlassen will. Ich könnte seinen Preis auch nicht zahlen. Andererseits hat er in letzten zehn Jahren durch sein avantgardistisches Konzept des Weintourismus, später Önotourismus genannt, eine Menge Geld verloren. Die Idee war gut, kam aber zu früh, und nun geht ihm eindeutig die Puste aus. Patricks Gewandtheit ist in den Verhandlungen mit dem Verkäufer und den Banken eine große Hilfe.

Diese Entscheidung bereitet mir Schwindel. Einen Scheck zu zeichnen, der den Jahresumsatz der Firma übersteigt! Mein Finanzberater ist erfolgreich, er überzeugt die Banque Populaire des Burgund und die Société Générale. Mir sichert das Crédit Agricole Unterstützung zu. Der Deal ist beschlossene Sache. Jetzt muss ich nur noch loslegen.

Es heißt, der Erfolg ist immer proportional zu dem Risiko, das man eingeht. Darauf verlasse ich mich – auch wenn es mich unzählige schlaflose Nächte kostet. Meine Entscheidung ist gefallen, ich habe mich auf das spannende Abenteuer eingelassen. Es bietet mir die Gelegenheit, mich selbst besser kennenzulernen und meine Grenzen noch einmal zu erweitern. Wir haben nun ein Flaggschiff das dem guten Wein und der guten Küche verpflichtet ist. Ein Restaurant, ein Hotel, eine Handvoll Läden und 1000 Hektar Garrigue-Land stehen für einen mediterranen Lebensstil.

Jacques Ribourel hatte dieses Weingut, das 1561 gegründet wurde, in Stand gesetzt und ihm eine Einheitlichkeit, eine geometrische Präzision verliehen. Nun muss dem Ort die Seele eingehaucht werden. Das ist die Herausforderung, der wir uns stellen. Wie selbstverständlich wird L'Hospitalet zur Frontbasis unserer Aktivitäten. Das Massiv von La Clape inmitten des Naturparks von Narbonne bietet uns einen intakten Lebensraum, in dem sich geschützte Tier- und Pflanzenarten rundum wohlfühlen. Umgeben von weltweit einzigartigen wilden Orchideen auf einem einmaligen Terroir mit kalkhaltigen Böden ist dieser Ort eine Ode an die Schönheit. Die Qualität der Weine wird bald meine kühnsten Hoffnungen übertreffen.

Unsere Verkaufszahlen steigen wie von selbst, in nur vier Jahren erreicht das Unternehmen eine neue Dimension und verdoppelt seine

Umsatzzahlen. Wir haben gewonnen, die Banken sind zufrieden, und auch ich schlafe wieder ruhiger. Bald erwerbe ich weitere Weingüter, entdecke neue Terroirs und neue einzigartige Weine – alles mit dem Anspruch, das Potenzial und die Vielfalt unserer Region bekannt zu machen. 2006 kommt das Weingut L'Aigle in der Nähe von Limoux hinzu, das sich für den Anbau großer Chardonnays und Pinot Noirs eignet, denn seine Höhenlage ist diesen Rebsorten, die ursprünglich aus dem Burgund stammen, zuträglich. 2009 erhöhen wir das qualitative Potenzial der Corbières in der Appellation Boutenac, indem wir der Familie Dourthe, die ursprünglich aus Bordeaux stammt, das Château Aigues-Vives abkaufen. 2011 verliebe ich mich auf den Terrassen des Larzac, in der Nähe von Montpellier, in das Château La Sauvageonne, wo die Landschaft einem Demut und Respekt für ihren großen Artenreichtum einflößt. Sein ehemaliger Besitzer, Mister Brown, ein Engländer mit erlesenem Geschmack, hat bewundernswerte Renovierungsarbeiten und Neuanpflanzungen vorgenommen. Die Villa, die den Weinberg und die Schlucht überragt, wirkt wie ein Wachposten. Mir bleibt die Aufgabe, den Lagerkeller zu restaurieren und unsere Vertriebspartner für diesen Wein zu begeistern.

Im Jahr 2012 bittet mich Monseigneur de La Soujeole, sein Weingut gleichen Namens zu übernehmen, da ihn seine religiöse Mission voll beansprucht. Die Appellation Malepère erweitert unseren Wirkungskreis. Sie ist das Königreich des Cabernet Franc im Süden Frankreichs. Ich liebe seinen starken Charakter seine Struktur und Feinheit. In einer Assemblage mit Malbec eröffnet er völlig neue Möglichkeiten.

Mit Zustimmung der amerikanischen Familie Knysz nehmen wir auch das Schicksal vom Château des Karantes in Narbonne-Plage und vom Château Tarailhan in der benachbarten Kommune Fleury d'Aude in unsere Hände. Damit erhält unser Engagement im Terroir von La Clape eine neue Dimension.

So haben wir uns in 15 Jahren von 60 Hektar auf rund 500 Hektar vergrößern können.

Besitzer eines Weinbergs zu sein, bedeutet vor allem, an die Grenzen der eigenen Überzeugungen zu gehen und dabei Herr seines Schicksals zu bleiben. Nur auf diese Weise lassen sich herausragende Weine erzeugen. So lautet mein Credo.

Der Weinberg spricht zu mir, ich verstehe ihn, ich spüre ihn. Zwischen den Reben und mir entsteht eine tiefe Verbindung, die über die fünf Sinne hinausreicht. Ich hatte das Glück, in einer Gegend zur Welt zu kommen, in der Rugby und Weinbau eine große Bedeutung haben, daher musste ich keine Prioritäten setzen, ich brauchte sie nur der Saison entsprechend zu „jonglieren". Heute wird meine zweite Leidenschaft zu meiner ersten. Man kann sie länger ausüben und nimmt andere Risiken in Kauf.

Weil ich über Jahre hinweg Weingüter erworben habe, vergrößert sich die Vielfalt unseres Angebots. Dank meiner vielen Reisen beginne ich, die Märkte und die zahlreichen Vertriebswege besser zu verstehen. Es braucht Zeit, bis Türen sich öffnen. Es ist ein Weg, auf dem man kämpfen muss. Meine Vergangenheit als Rugby-Spieler, meine unermüdliche Ausdauer, die Freude an gut gemachter Arbeit und die Tatsache, dass ich großartige Menschen kennengelernt habe, tragen nach und nach zur Entstehung guter Vertriebsstrukturen bei. Parallel dazu stellen wir Mitarbeiter ein, die die Werte unseres Teams teilen – Großzügigkeit, Anspruchsdenken, Mut und Führungsqualitäten. Sie sind der Grundstein unserer Überzeugungen.

In den letzten zehn Jahren haben wir in rund hundert Ländern partnerschaftliche Handelsbeziehungen aufgebaut, um die Werte des Südens Frankreichs in die Welt hinauszutragen.

6

L'Art de vivre des Südens

„Stärken wir unsere Identität und finden wir unsere gemeinsamen Bezugspunkte." So lautete das Thema eines mehrtägigen Seminars mit der Geschäftsleitung und unserem Vizepräsidenten Peter Darbyshire, einem Engländer, der die Wein- und Spirituosenwelt mit all ihren Erzeugern wie seine Westentasche kennt. Zusammen mit seinem Freund James Guillepain aus der Champagne unterstützt er uns dabei, die Erwartungen unserer Konsumenten genau zu ermitteln und eine neue Strategie zur Erschließung des Marktes umzusetzen. Manche französischen Unternehmen vergessen, dass 99% der Kunden Konsumenten und nur 1% Experten sind. Ihre Erwartungen verstehen zu lernen, ohne die eigenen Überzeugungen zu verleugnen ist nicht einfach. Und so definieren wir gemeinsame Bezugspunkte. Unsere Produktpalette unterteilt sich in Segmente mit unterschiedlicher Gewichtung: nach Kategorie – wie sortenreine Weine, Terroir-Weine, Schaumweine, natürliche Süßweine – und nach Thematik – wie biologische Weine, biodynamisch erzeugte Weine und sulfitfreie Weine. Diese Schwerpunktthemen sind Teil unserer Unternehmensphilosophie. Wir tragen Sorge für die Umwelt und setzen uns dafür ein, die Rebflächen in ausgezeichnetem Zustand an kommende Generationen weiterzugeben. Außerdem verpflichten wir uns dazu, die Weinberge nach biodynamischen Grundsätzen zu bewirtschaften. Gegenwärtig sind bereits 350 Hektar umgestellt, womit wir weltweit zu den führenden Vertretern dieser Anbaumethode zählen. Zudem ist unsere Marke „Autrement" in Frankreich marktführend auf dem Gebiet der biologischen Weine.

Innovation liegt uns im Blut. Mit der Marke „Naturae" bringen wir – vorwiegend in Frankreich und Nordamerika – sulfitfreie Weine auf den Markt. Noch ist es ein Nischensegment, doch laut unserer Voraussage sollte es sich genauso entwickeln wie der Markt für biologische Weine.

Gemeinsam mit Kollegen in der Region werden wir das Konzept „Sud de la France" (der Süden Frankreichs) in der ganzen Welt etablieren.

Meinem Freund Jacques Michaud, Professor im Fachbereich Jura an der Universität Montpellier, lag die Entwicklung unserer Region stets am Herzen. Er kam auf die originelle Idee, in einer Verbindung zwischen den Regionen Languedoc und Roussillon die Septimanie aus dem 7. Jahrhundert wieder aufleben zu lassen, jene römische Provinz auf demselben Gebiet. Das scheiterte jedoch an der vorschnellen Initiative von Georges Frêche, Präsident der Region, die Katalanen dafür zu begeistern. Frêche, ein Mann mit breitem Wissen und großen Worten, begann sofort, ein neues Konzept zu entwickeln. Ich war einer der wenigen, die bei der Ideenfindung mitwirken durften. Aus diesem Kreis ging die Idee für „Sud de la France" hervor, die unter allen Beteiligten auf große Zustimmung traf. Auf dem Vorplatz des Rathauses von Narbonne, dem ehemaligen Bischofspalast, wurde sie ins Leben gerufen. Frêche rief in die Menge: „Menschen des Südens, erhebt euch! Das hier ist eure Region, eure Identität!" Und 600 begeistere Zuhörer klatschten stehend Beifall.

Für das Marketing ist es von entscheidendem Vorteil, dass jeder Mensch auf der Welt uns geografisch lokalisieren kann. Zwischen Bordeaux im Südwesten und der Provence im Südosten haben wir unseren Platz gefunden. Wir sind die Verwahrer des Südens. Diese Region steht für unser Erbe, unseren Stolz und unsere Wurzeln.

Unsere Mission besteht nun darin, unsere weinbaulichen Fertigkeiten weiterzugeben: vom *savoir-faire* zum *faire savoir*. Es beginnt ein neuer Kampf mit einem neuen Ziel für die nächsten zehn Jahre.

Unsere Region besitzt auch ein wertvolles Gut: ihre Weite, ihren Raum und ihre Vielfalt. Wir müssen die natürlichen Ressourcen schützen und eine intelligente und maßvolle Besiedlung ermöglichen, um Migrationsströmen Rechnung zu tragen, die für die nächsten Jahrzehnte erwartet werden. Der Süden wird zu einem immer begehrteren Ziel.

Hier erhält das Credo „Die Kunst, die Weine des Südens zu leben" *(l'art de vivre les vins du Sud)* seine volle Bedeutung. Diese Kunst beruht auf den Werten des Mittelmeerraums, welche uns mit unseren Nachbarn in Italien, in Spanien und weiter südlich in Nordafrika und im Nahen Osten verbinden. Sie wurzelt in unserer monotheistischen Religion (mit Abraham als ihrem Gründungsvater, der das Band zwischen Judentum, Christentum und Islam knüpft) mit ihren humanistischen Werten, die wir den alten Griechen und Römern verdanken. Dieses prächtige Erbe fördert Offenherzigkeit, Gastfreundschaft und ebnet den Weg zu einer besseren Zukunft für kommende Generationen.

Wir haben die Gemeinschaft der *Chevaliers de L'art de vivre* geschaffen, um einen Beitrag zur Übermittlung unseres Erbes, unserer Identität und unserer Bräuche zu leisten. Jedes Jahr zum Frühlingsanfang empfangen wir eine Woche lang Gäste aus allen Teilen der Welt und feiern mit ihnen die Weitergabe unserer Lebensart und unserer Handwerkskunst *(savoir-faire)*.

Diese Lebensart *(savoir-vivre)* beruht auch auf einer Ernährung, in der Wein, Oliven, Honig sowie Obst und Gemüse der Saison zu den Grundzutaten gehören. Mediziner in den USA sprechen vom *French Mediterranean paradox*. Wie können wir besser, länger und gesünder leben? Gesundheit und Glück sind gute Gründe, sich seines Daseins bewusst zu sein (Ehrgeiz, Leistung und eine gewisse Anspruchshaltung können andere sein). Wir setzen uns dafür ein, dass unser Wein auf seiner Reise die Botschaft von Liebe, Zusammenhalt und Toleranz überbringt und zum vollendeten Ausdruck von Qualität und Vielfalt unserer Böden wird.

Viele Chefköchinnen und -köche des Mittelmeerraums leisten einen wichtigen Beitrag, diesen Schwung und diese Großzügigkeit auf dem Teller und darüber hinaus zu verwirklichen.

L'Art de vivre – diese Worte verstehen wir in ihrem buchstäblichen Sinn: Lebenskunst heißt, das Leben auf die Ebene der Kunst erheben. Sie ist die höchst vollkommene Form menschlichen Handelns, der göttliche Funke in jedem von uns.

Seien wir doch Realisten und Utopisten zugleich: Schon morgen beginnt eine neue Ära, in der das erwachende Bewusstsein und der Zugang zu Wissen und Bildung die Keimzellen bilden für eine Zukunft, in der wir alle glücklich und in Frieden leben können und gemeinsam vom Reichtum der Schöpfung zehren.

Zur Lebenskunst gehört auch die Musik. Unmöglich, ohne sie leben, selbst die Stille ist voller Geräusche: Vogelgezwitscher und Tiergeschrei, Windbrausen und Sternenwispern im Morgengrauen. Alles mündet in jenen immerwährenden Klang, den man den Atem Gottes nennt und der uns als fernes Echo des Milliarden Jahre zurückliegenden Urknalls erreicht.

Auf Château L'Hospitalet haben wir einen Ausstellungsraum eingerichtet, wo wir Künstlerinnen und Künstlern der Region die Möglichkeit bieten, ihre Werke zu präsentieren und wo einmal im Jahr ein Ereignis mit nationaler und internationaler Reichweite stattfindet. Die Bronzestatuen Rodins, die Skulpturen von Jean-Pierre Rives oder auch die Ausstellung *La Terre Vue du Ciel* (Die Erde von oben) von Yann Arthus-Bertrand ziehen viele Besucher an und tragen zum Renommee des Château bei.

L'Art de vivre ist der unversiegbare Quell, aus dem wir unsere Inspiration schöpfen. Unser Schaffen befindet sich im Einklang mit der Poesie und Sanftheit, die das Lebensgefühl unserer Region mitbestimmen.

Die Gründung eines Musikfestivals hat sich ganz selbstverständlich daraus ergeben. Meine Liebe zum Jazz tat ein Übriges.

7

Jazz in L'Hospitalet

Das Jazzfestival wurde im Jahr 2004 gegründet. Die Anfänge gestalteten sich schwierig und es vergingen vier Jahre, ehe diesen festlichen Sommerabenden die ersten Achtungserfolge zuteil wurden.

Die Vorbereitungen erstrecken sich über ein ganzes Jahr und meinen Mitarbeitern wird dabei viel abverlangt. Dank des anspruchsvollen und überaus eklektischen Programms ist das Festival schließlich doch zu einer festen Institution in der Region geworden. Für viele Musikerinnen und Musiker ist es etwas ganz Besonderes, im Innenhof des Château oder im Weinberg zu spielen, wovon Yuri Buenaventura, Maceo Parker, Earth Wind and Fire, Kid Creole, Kool and the Gang, Liz McComb, the Golden Gate Quartet, Michel Jonasz und viele mehr in rührenden Botschaften Zeugnis ablegen.

Was der Jazz für die Musik ist, ist das Terroir für den Wein. Er kommt aus der Seele, dem innersten Wesen und aus den Wurzeln. Er existiert in verschiedenen Ausprägungen, genauso, wie der Wein von seiner Herkunft und den verschiedenen Rebsorten geprägt wird. Jeder Jahrgang, selbst wenn er vom gleichen Boden stammt, weist subtile oder sehr deutliche Unterschiede zu seinen Vorgängern und Nachfolgern auf – so wie jeder Musiker einem Song durch seine Improvisation eine neue Klangfarbe und Tonalität verleiht. Ich liebe diese positive Energie, die mich prägt und mir Kraft gibt. Bei den vielen verschiedenen Arten von Jazz kommt hier jeder auf seine Kosten.

Jahr für Jahr schaffen diese Klänge eine ganz besondere Stimmung und lassen uns gemeinsam fühlen. Nach den Konzerten spielen lokale Gruppen in den Weinkellern auf und es wird gefeiert bis zum Morgengrauen. Zum gebührenden Auftakt der Feierlichkeiten zaubern unsere Köchinnen und Köche ein köstliches Buffet, das der mediterranen Küche und unseren besten Weinen eine Reverenz erweist.

5. Juli 2004

Dominique Rieux und seine Band betreten die Estrade im Hof. Zum Auftakt des ersten Abends zählen wir 30 Leute. Ich weiß nicht mehr, ob es ein gutes Konzert war. Wir waren unter uns, meine Familie und einige Freunde, und wir froren. Nach dem Konzert sagte ich zu meiner Frau: „Nächstes Jahr machen wir es besser."

Aller Anfang ist schwer. Man muss die Hoffnung nähren, damit der Traum Wirklichkeit wird. Erfolg ist oft die Frucht unverdrossener Ausdauer.

Die ersten drei Jahre verlaufen ähnlich, doch nach und nach entwickelt sich eine besondere Energie und das Publikum beginnt uns die Treue zu halten.

August 2007

Im Hof des Château L'Hospitalet stehen 1500 Stühle in so dichten Reihen, dass man kaum hindurchpasst. Die meisten Zuschauer haben im Park hinter dem Schwimmbecken zu Abend gegessen.

Vor der Fassade des Hotels singt Yuri Buenaventura mit klarer Stimme und Latino-Akzent eine Interpretation von *Ne me quitte pas*. Als das Lied zu Ende ist, unterbricht er das Konzert für einige Minuten, wendet sich an das Publikum und spricht über das, was er in diesem Moment an diesem Ort empfindet. In wenigen Worten, die tief aus seiner kolumbianischen Seele kommen, erzählt der Sorbonne-Absolvent in ausgezeichnetem Französisch seine persönliche Geschichte als Echo seiner Anwesenheit in unserer Gesellschaft, spricht über die Schwingungen an diesem Ort, die hiesigen Rebstöcke und ihre jahrtausendealte Geschichte und darüber, was es für ihn bedeutet, Musik, Speisen und Wein unter diesem Sternenhimmel und umweht von Lavendeldüften mit uns zu teilen. Ergriffen von der Stimmung bin ich den Tränen nahe: genau das ist der Geist von L'Hospitalet, in die richtigen Worte gefasst und wundervoll vorgetragen. Ich bin nicht der Einzige, der so empfindet: im Publikum rings um mich herum herrscht besinnliches Schweigen.

6. August 2010

Maceo Parker betritt die Bühne. Der Hof ist voll besetzt. Einer der berühmtesten Jazz-Saxophonisten der Welt und Weggefährte von James Brown ist heute Abend mit seiner Band bei uns zu Gast. Die Luft an diesem Abend ist elektrisch aufgeladen und von dem Musiker geht eine fesselnde Anziehungskraft aus. Er hält Zwiesprache mit dem Publikum und spielt geschichtsträchtige Stücke, darunter ein Solo von mehr als 20 Minuten Länge, nach dessen Ende er sich zu seiner Background-Sängerin umdreht und den Arm zum Himmel hebt, wie um seinem Mentor da oben zu danken. Nach annähernd drei Stunden beendet er sein Konzert und hat uns ein überwältigendes Glücksgefühl beschert.

8. August 2010

Michel Legrand, einer der größten Musiker der Welt, präsentiert seine neue Show mit Nathalie Dessay. Eine Weltpremiere. Ich treffe erst um 19 Uhr ein und bis heute kann ich mir nicht erklären, warum ich so angespannt bin. Zehn Minuten später erfahre ich von meinem Veranstaltungsleiter, dass Michel Legrand darum bitte, die erste Hälfte der Show aus dem Programm zu nehmen. Sein Manager habe ihm den Ablauf nicht mitgeteilt und er wolle nicht um 23 Uhr beginnen. Ich suche ihn und seine bezaubernde Frau persönlich auf und ahne, dass der Schuh woanders drückt. Alle stehen unter Spannung, denn Nathalie Dessay ist gerade aus Japan angereist und die Nachmittagsproben sind nicht besonders gut verlaufen. Mein Freund Jeff Senegas bespielt schließlich den ersten Teil des Abends und die Show der beiden Stars aus Frankreich wird ein voller Erfolg.

August 2011

In der ersten Hälfte des Abends verzaubert China Moses die Anwesenden. Mit ihrer Stimme, ihrem Rhythmus und ihrem Hüftschwung bringt sie uns in Stimmung. Dann betreten Incognito die Bühne, eine Gruppe aus den Londoner Vororten. Ihre Klangfülle, ihr musikalisches Universum reißen uns mit. Doch nach 20 Minuten setzt Regen ein. Um die Musiker nicht zu gefährden, unterbrechen wir das Konzert. Ich bitte das Publikum um Geduld, doch die meisten Zuschauer verlassen den Schauplatz. Nach weiteren 30 Minuten beschließen wir gemeinsam mit den Musikern, den Abend mit einem Akustikkonzert im Restaurant fortzusetzen. Und damit beginnt für mich eines der größten Erlebnisse der letzten zehn Jahre. Es entsteht eine offene Bühne oder *Jam Session,* wie man im Englischen sagt. Die 400 noch anwesenden Zuschauer sind völlig aus dem Häuschen. Sie mischen sich unter die Musiker, stehen auf den Stühlen oder sitzen auf der Bar. Die Stimmung ist fantastisch, reinstes Glück, ein Moment vollkommener Erfüllung.

August 2013

Der Prinz und Urheber des Songs *La Boîte de jazz* ist mit seinen Musikern vor Ort. Michel Jonasz besucht uns bereits zum zweiten Mal und singt mit Bravour mehr als zwei Stunden lang all seine Hits. Das Publikum ist von seinem Repertoire und seiner Herzlichkeit angetan. Begleitet wird er von einem Orchester, das von René Croll gegründet wurde. Croll stammt aus Trèbes bei Carcassonne und ist ein Kind der Region.

1. August 2014, 20:15 Uhr

Im Park haben sich 1200 Gäste zum Abendessen eingefunden. Doch die Wolken verheißen nichts Gutes. Auf dem Programm steht Boy George, der sich wegen des Wetters große Sorgen macht. Wir lassen eine wasserdichte Plane über der Bühne aufspannen, um das Konzert nicht zu gefährden. Plötzlich beginnt es zu regnen. Ich greife zum Mikrofon und erkläre den Festivalbesuchern, dass der Regen den Reben gut tut und dass diese Tropfen ein Geschenk des Himmels sind. Alle erhalten durchsichtige Plastikponchos – und siehe da, es wird ein feuchtes, aber fröhliches Dîner. Glücklicherweise ist das Gewitter 20 Minuten später vorbei. Eine Stunde später genießen alle die ausgezeichnete Darbietung. Boy George lässt seine Vergangenheit anklingen, spricht von früheren Exzessen und von seinem neuen Leben voller Liebe und Spiritualität. Er singt seinen Hit *Hare Krishna,* der seinen hinduistischen Erfahrungen gewidmet ist und, erfüllt von der Gnade der Götter, weint er bei den letzten Takten Freudentränen. Mit geöffneten Händen bedanken er und seine Musiker sich bei der Vorsehung. Ein Engel fliegt vorbei.

2. August 2014, 19:45 Uhr

Mein Freund Yuri Buenaventura, Salsa-König und Pate des Festivals, kommt zu mir und fragt, wie das Festival läuft. Er bestreitet das letzte Konzert und braucht die Information, um seine Band einstimmen zu können. Ich erkläre ihm, dass wir abgesehen von einigen kleineren Problemen einen der besten Jahrgänge überhaupt erleben. Ich sage ihm nichts von der Wettervorhersage, die wenig ermutigend ist, denn ich bin insgeheim der Überzeugung, dass der Regen uns verschonen wird. Für genau 20:23 Uhr haben wir als Überraschung eine Flugschau von der Breitling-Patrouille vorbereitet. Um 20:10 Uhr suche ich den Verantwortlichen auf, der mir erklärt, es seien zu viele Wolken am Himmel, er müsse die Flugschau absagen. Ich bitte ihn, mich über Funk mit meinem Freund, dem Kommandanten Jacques Bothelin, einem Abenteurer und Kunstflug-Champion, zu verbinden. Ich sage: „Jacques, ihr müsst kommen! Fliegt in Béziers los und wenn ihr hier seid, werden wir sehen, wie es sich entwickelt." Er antwortet: „Wir sind in zehn Minuten da, Gérard."

Jetzt ist es 20:20 Uhr. Im Park regnet es nur leicht. Wie am Vorabend machen die Gäste eine neue Erfahrung: ein Dîner im Regen, das fast so glamourös daherkommt wie Gene Kellys *Singing in the Rain.* Ich trete ans Mikrofon und verkünde: „Endlich habe ich eine gute Nachricht für Sie, und eine Überraschung: die Breitling-Patrouille wird uns mit einem Besuch erfreuen." Drei Minuten später fliegen die Flugzeuge vorbei und die Menge applaudiert. Wie von Zauberhand hört es auf zu regnen und die Wolken reißen auf. Die Flugschau kann beginnen. Zwanzig Minuten lang blicken die anwesenden Gäste und ich gebannt zum Himmel. Nun ist auch Yuri Buenaventura zuversichtlich. Er weiß, dass er das gut eingestimmte Publikum jetzt in seiner Hand hat. Auf der Bühne wächst er über sich hinaus und über zwei Stunden lang beschwört er uns mit seinen lateinamerikanischen Rhythmen, die den Hof des Château in eine Tanzfläche verwandeln.

Momente wie diese machen uns bewusst, dass das Leben gelebt werden muss und dass Musik uns ein Gefühl für das Allgegenwärtige des Guten und die Verbundenheit der Völker eröffnet. Alle Musikerinnen und Musiker, selbst die Stars, sind vor allem menschliche Wesen, die ihre Stimme, ihre Wärme und ihr ganz eigenes Universum einbringen.

In neue Gefilde vordringen und über sich selbst hinauswachsen. Das ist unser Credo und unsere ständige Herausforderung. Der Erfolg dieses Festivals, in dessen Verlauf wir in vier Tagen 6000 Menschen empfangen, rechtfertigt all unsere täglichen Bemühungen, rückt unsere Handwerkskunst ins rechte Licht und setzt ein Zeichen der Wahrhaftigkeit und Authentizität. Er ermöglicht es uns außerdem, diese einzigartige Erfahrung mit all unseren Botschaftern zu teilen.

Das ist die Kunst, die Weine des Südens in jeder Form zu leben und zu feiern.

8

Das Abenteuer Menschlichkeit

In unserem Unternehmen liegt dieses Abenteuer in der Begegnung mit engagierten, selbstlosen, mutigen Frauen und Männern, die unsere Werte und unsere mediterrane *l'art de vivre* teilen.

In den Jahren auf dem Rugby-Feld habe ich gelernt, Management als etwas zu verstehen, das die Leistung des Einzelnen in den Dienst der Gemeinschaft stellt. *Leadership* ist Ausdruck des Respekts für den Anderen und beinhaltet die persönliche Verpflichtung, nach den gemeinsam formulierten Regeln im Spannungsfeld der Gesetze des Marktes zu handeln. Auch die affektive Dimension hat einen wichtigen Stellenwert. Ein Familienunternehmen, insbesondere ein Weinbaubetrieb, erlebt nicht nur gute Jahre. Unser Ansehen und unsere Ergebnisse hängen vom Erfolg eines Jahrgangs und den produzierten Mengen ab. Und so sollte man nicht auf kurzfristige Erfolge setzen, sondern langfristige Maßnahmen ergreifen, die sich in Fünfzigjahrespläne einschreiben lassen, sodass sich alle Beteiligten einen gewissen Ehrgeiz und ausreichend Vertrauen in ihr Handeln bewahren. Unser Leben wird bestimmt vom Rhythmus der Jahreszeiten, von Klimaveränderungen und besonders von den Geschenken und Launen der Natur. Da sollte man sich mit Menschen umgeben, die nach der gleichen Philosophie leben wie man selbst, die offen sind für ihre Mitmenschen und die nach dem Prinzip der Teilhabe handeln. Arbeit heißt bei uns, etwas Sinnvolles tun.

Der Austausch von Wissen und gemeinsame Bezugspunkte sind ebenso wichtig wie ein Bewusstsein für Präzision, die eine symbolische Dimension erhält.

Jedes Jahr im Dezember feiern wir den Beginn der neuen Saison mit dem Fest des Rebschnitts. Fünftausendmal am Tag führen wir einen Handgriff aus, der die Qualität der Trauben entscheidend beeinflusst, und das ist eine immense Verantwortung. Vier Monate lang trotzen wir Wind und Kälte acht Stunden am Tag, und das erfordert Ausdauer, Widerstandsfähigkeit, Willenskraft, aber auch Großmut, Präzision und Liebe zu guter Arbeit.

Jede Pflanze, allen voran ein alter Rebstock, verdient größten Respekt für sein Alter und die Qualität seiner Früchte. Er braucht Liebe und Pflege. Sie sind die Grundlage für ein Verfahren, dass ich vor einigen Jahren initiiert habe. Es schreibt sich in einen ganzheitlichen Ansatz für unsere Mitarbeiter und, im übertragenen Sinn, unseren Weinberg ein.

Als 2002 Richard Planaus zu uns kommt, markiert dies einen Wendepunkt in der Entwicklung einer Präzisionslandwirtschaft. Als Leiter der Weingüter koordiniert er alle Teams, richtet ein Schulungsverfahren ein und prägt eine Unternehmensphilosophie. Die Anfänge gestalten sich schwierig, denn es erfordert Diplomatie und Überzeugungskraft, Menschen zum Bruch mit alten Gewohnheiten, zur Bündelung von Energien, zu Offenheit und Toleranz zu bewegen.

Nach einer einjährigen Übergangszeit signalisieren alle Mitarbeiterinnen und Mitarbeiter der Basis ihre Bereitschaft zu Zusammenarbeit und Erfahrungsaustausch. Egokrisen werden zur Seltenheit, und es gelingt uns, in jedem unserer Weingüter millimetergenaue, bereichsbezogene Verwaltungsstrukturen zu etablieren.

Am Ende der ersten Etappe angelangt, leitet Cédric Lecareux die zweite Phase ein, in der es darum gehen soll, den Austausch bewährter Methoden anzustoßen, Anbaumethoden in Einklang zu bringen und diese Angleichung in den Kellereien fortzusetzen – das schließt unsere Neuankömmlinge natürlich mit ein. Cédric bringt wertvolles Organisationstalent, strenge Methodik und kommunikative Energie mit.

In diesem Zusammenhang besuchen wir die angesehensten Weingüter des Landes, um unsere Überzeugungen auf den Prüfstand zu stellen und Optimierungspotenzial abzuleiten. Dazu ernennen wir Ghislain Coux zum Hauptkellermeister, der alle relevanten Daten wie die Bestimmung der Traubenlesen, die Vinifizierung, den Ausbau und die Flaschenabfüllung genau im Blick behält.

Die Assemblage zwischen Januar und März ist in der Erzeugung großer Weine ein entscheidender Moment. Sie ist abhängig von den Besonderheiten des Jahrgangs und bestimmt den endgültigen Charakter eines Weins, der Jahr für Jahr die Botschaft seines Terroirs übermitteln und die Gewissenhaftigkeit derjenigen offenbaren soll, die ihn gestaltet und „erdacht" haben. Es braucht Zeit, sie zu erlernen. Ich durfte die beispielhafte Geduld meines Vaters und seiner Mitarbeiter erleben, wovon ich noch immer profitiere. Etwas anderes als Teamarbeit kommt für mich nicht in Frage.

Mein Vater hat mich die Grundlagen dieses Berufs gelehrt, wobei er die Bedeutung der Assemblage besonders hervorgehoben hat. Sie verlangt absolute Askese und sorgfältige Vorbereitung. So beginnt ein Arbeitsvormittag bereits mit einer leichten Mahlzeit am Vorabend und einer erholsamen Nachtruhe. Um Heißhunger zu vermeiden, empfiehlt sich ein reichhaltiges Frühstück.

Es ist, als speicherten die Wände des Verkostungsraums in ihrem Mauerwerk die hier zugebrachten Arbeitsstunden, vergleichbar den unzähligen Gebeten, die in einer Kirche nachhallen. Das Erinnerungsvermögen des Ortes lässt uns diese positive Energie spüren. Ich verkoste am liebsten in einem 18°C kühlen Raum und serviere Rot-, Weiß- und Roséwein bei einer Trinktemperatur von

15° C. Das Zeremoniell ist immer gleich. Wir schalten unsere Telefone aus, schließen die Tür und sprechen über das Ziel der Sitzung und die letzten im Keller ausgeführten Tätigkeiten.

Dann kann es beginnen.

Eine freundschaftliche Beziehung zum technischen Leiter und zum Kellermeister ist für mich eine Grundvoraussetzung, allein könnte ich eine Verkostung unmöglich vornehmen.

An unseren technischen Leiter Jean-Baptiste Terlay stelle ich hohe Ansprüche. Er ist der ständige „Hüter des Tempels", der die einwandfreie Umsetzung unserer Verkostungsergebnisse garantiert.

Ein Gleichgewicht zu finden, gewissermaßen eins zu werden mit dem Produkt, ist über die Sinnesorgane allein nicht zu erreichen. Wir bewegen uns im Reich von Empfindungen, Emotionen und reinster Intuition. Man muss in die Seele des Weins einstimmen. Manchmal brauchen wir vier oder fünf Verkostungssitzungen, bis wir zur Offenbarung gelangen. Mit Methode, Disziplin, Strenge, aber auch und vor allem mit Gespür, Worten und Austausch begeben wir uns auf die Gralssuche, um ihn zu finden: einen Wein, der mit seinem Terroir, seinem einzigartigen Charakter und seinem Jahrgang in Einklang steht.

Im Januar 1989 ist es zu einer für mich entscheidenden Begegnung gekommen, als ich bei einem Vortrag über Barrique-Ausbau Jean-Claude Berrouet vom Château Petrus kennenlerne. Am Ende seines zweistündigen Frontalunterrichts über die Verwendung von Eichenfässern im Weinausbau gehe ich zum Podium, um dem Vortragenden eine Frage zu stellen. Zu meiner großen Überraschung erkennt er mich und erweist sich als Rugbyfan. Und er lädt mich nach Libourne ein.

Im Januar 1990 besuche ich ihn, im Gepäck Proben des neuen Jahrgangs des Domaine de Villemajou. Jean-Claudes Natürlichkeit, seine Freundlichkeit und sein hoher Anspruch beeindrucken mich tief. In den kommenden 20 Jahren verbringen wir jährlich einen

Tag in seinem Laboratorium mit Verkostungen und der Gestaltung der Assemblage dieses Weins. Der Mann der 50 Petrus-Jahrgänge, der Mann von La Fleur-Petrus, von Trotanoy und Magdeleine ist mein Ansprechpartner und Ratgeber geworden. In meinen Augen ist er das beste Beispiel für die perfekte Harmonie von rechter und linker Gehirnhälfte, das heißt, er besitzt eine gute Mischung aus analytischem Verständnis und Intuition.

Von Jean-Claude lerne ich, dass der Wein eine Botschaft überbringen und die Musik, die Sinfonie seines Terroirs, seiner Rebsorten und der Arbeit des Winzers erklingen lassen soll. Man muss zum Wesentlichen vordringen, ungekünstelt und ungeschminkt, stets auf der Suche nach dem ursprünglichen Naturell der Domaine, die ihn hervorgebracht hat; mehr kosten als verkosten und die Schwingungen, die Struktur, Textur und das Gerüst des Weins erspüren.

Jean-Claude lehrt mich nicht nur sein messerscharfes Gespür für Präzision oder seine vorsichtige Art, mit den Gläsern und Reagenzgläsern zu hantieren, sondern auch das klare und genau getaktete Zeremoniell: nichts darf dem Zufall überlassen bleiben. Man muss auf absolute Perfektion bedacht sein und dem Werk all die Zeit einräumen, die es benötigt. Diese Momente des Austauschens und der Verkostung wiederholen wir in regelmäßigen Abständen – immer sind es Momente von großer Intensität.

Im Jahr 1988, einige Tage nach dem offiziellen Beginn meiner Tätigkeit, bitte ich den Ansprechpartner meiner Region, Marc Dubernet, mich bei einer Keller-Revision zu unterstützen. Seine Ratschläge erweisen sich als sehr wertvoll, doch noch kann ich sie nicht angemessen würdigen, denn das Trauma, das der plötzliche Tod meines Vaters hinterlassen hat, wirkt wie lähmend.

Marc nimmt sich Zeit und lässt die letzten 20 Jahre Revue passieren, in denen er gemeinsam mit meinem Vater eine einflussreiche Kooperative aufbaute. Er besitzt eine natürliche Begeisterung für Mathematik sowie ein Talent für Informatik und angewandte Wissenschaft. Ich dagegen bin direkter, gefühlsgeleiteter, weniger rational, und es dauert zwei Jahre, bis ich für seine Ratschläge empfänglich werde. Seitdem ist unsere Beziehung von tiefer Verbundenheit und gegenseitigem Vertrauen geprägt. Wir kennen uns so gut, dass wir uns in unserer Arbeit und in unseren Leistungen gegenseitig befruchten. Von jeher schätze ich die analytische Fähigkeit, den Willen zur Synthese und die Bescheidenheit dieses einzigartigen Mannes. Unsere Urteile und Einschätzungen ergänzen einander und stimmen immer öfter überein. In unserer Beziehung gibt es kein Ego, und es ist eine reine Freude, das gemeinsame Ziel, Qualitätsweine sowohl für den Alltag als auch für die besonderen Momente zu erzeugen, weiter zu verfolgen.

Zum Aufgabenbereich von Olivier Roux und seinem Team gehört neben der Weinbereitung auch die Wahl der besten Korken und schönsten Flaschen. Wir haben eben in eine neue, hochmoderne Kellerei inmitten des Weinbergs investiert. Dieses nach ökologischen Grundsätzen in der Form eines „H" errichtete Gebäude steht für die Zukunft unseres Unternehmens: Wir garantieren unseren Konsumenten, dass jeder Produktionsschritt bis hin zur Flaschenabfüllung unter strengster Kontrolle erfolgt. Paul Correia wacht mit seinem Team über die Qualität. Dabei geht es nicht nur um den Geschmack des Weins, sondern auch um Methodentreue und reibungslose Abläufe.

Mit 18 Jahren war ich schüchtern und introvertiert, und so gab mir mein Vater den Auftrag, in den Sommerferien die Straßen in meiner Region abzufahren und die Blanquette de Limoux, einen Schaumwein, an die hiesigen Weinkooperativen zu verkaufen. Das ist in etwa so, als würde man versuchen, einem Eskimo Eis zu verkaufen. Zunächst fällt es mir sehr schwer, und an den ersten drei Tagen traue ich mich zu keinem einzigen Kunden hinein. Doch ich habe Glück und treffe auf den sympathischen Direktor der Cave Coopérative de Villeveyrac, der meine Aufregung und das mangelnde Selbstvertrauen ahnt und mir Mut macht, indem er gleich 300 Flaschen ordert. Stolz führe ich auf dem Parkplatz einen Freudentanz auf. Danach geht es fast wie von selbst. In kurzer Zeit habe ich 20.000 Flaschen verkauft. Alles im Umkreis überschwemme ich mit meinem Schaumwein. Ich versichere meinen Kunden, dass ich kein zweites Mal vorbeikommen würde und rate ihnen, sich noch heute einen Weihnachtsvorrat anzulegen.

Das Vermarkten gehört für mich schon immer zum Kerngeschäft. Und natürlich liegen mir solche Kunden ganz besonders am Herzen, die das Auftragsbuch füllen und Arbeitsplätze schaffen. Ein Verkaufsgespräch ist wie ein Match: Ob du gewinnst oder verlierst ist Verhandlungssache. Also gehst du mit entsprechender Vorbereitung zu einem Termin, schärfst deine Argumente und machst dir klar, wo deine Prioritäten liegen, um dem Kunden nachzuweisen, welche Vorteile eine nachhaltige Partnerschaft für ihn bringt. Das ist heute weniger schwer, denn unsere Weine sind bekannt und ein Garant für Qualität. Doch der Druck ist immer da. Wer diesen Beruf ausüben will, braucht ein Faible für Adrenalin.

Éric Lacombe führt das Team, das für den Großhandelsvertrieb verantwortlich ist. Er tut das mit Bravour und sorgt dafür, dass unsere Unternehmenswerte dem Kunden vermittelt werden. Unsere Verbundenheit ist unsere Stärke. Stéphane Durand, mit dem ich einst das Rugby-Trikot für Narbonne trug, ist zu uns gekommen, um das Netzwerk der Restaurants und Weinhändler in Frankreich zu betreuen. Sein Enthusiasmus, seine Leidenschaft und seine Energie wirken überaus ansteckend. Éric, Stéphane und ihre Leibgarde Patrick Costes, Stéphane Jollec, Aurélien Casteran, Romain Jammes, Cyril Jaffro und Philippe Folch übermitteln dem Verbraucher unsere *Art de vivre*. Sie sind nicht nur meine Angestellten, sondern meine Kampfgefährten. Ich umgebe mich stets mit Menschen, die Mut und

Kampfgeist besitzen und das Herz am rechten Fleck haben. Mein Cousin Guy, der schon an der Seite meines Vaters stand, wirkt als Bindeglied zwischen den beiden Generationen.

Im Bereich Export stellen die große Komplexität und Vielfalt des Marktes eine zusätzliche Herausforderung dar. Alistair Pine leitet das amerikanische Team mit Verve, Leidenschaft und Eroberungswillen. In Europa bildet Alexandra Ladeuil ein Team mit Laura Garrigue und Suzie Thevenin, in Asien haben wir Jan Visser, in Kanada Jean-Philippe Turgeon, und Christophe Balay betreut die Duty-free-Märkte. Sie versuchen, die verschiedenen Persönlichkeiten unserer Händler zusammenzubringen und ihnen unser Wissen und unsere Methoden näher zu bringen, wobei sie offen bleiben für kulturelle und länderspezifische Besonderheiten. Jeder Kontinent erfordert eine eigene Strategie.

Ein wachsendes Unternehmen braucht irgendwann eine Marketing-Abteilung. Was gibt es Wichtigeres, als für die Bedürfnisse anderer zu sorgen? Da ist es notwendig geworden, meine Intuition durch Studien und strategische Untersuchungen zu untermauern und die Leitung dieser Abteilung einer Frau anzuvertrauen, die unabhängig agiert und eine völlig andere Perspektive hat. Karine Hameling und ihr Team verantworten diesen Bereich mit Bravour, Beherztheit und Aufrichtigkeit.

Für den Übergang vom Wissensstand zur Wissensvermittlung, vom *savoir-faire* zum *faire savoir*, haben wir passende Marketing-Konzepte für Frankreich und den Rest der Welt, aber auch für den internen Bereich entwickelt. Véronique Braun, ihre Assistentin Katia Daguet und ihre Mitarbeiterinnen und Mitarbeiter tragen Sorge dafür, dass wichtige Informationen zu unseren Weinen und aktuelle Entwicklungen im Umkreis der Marke effizient an Journalisten, Entscheidungsträger und *wine lovers* übermittelt sowie über Presse, Radio, Fernsehen, Internet und natürlich über die Sozialen Medien verbreitet werden. Außerdem steht Véronique der Verwaltung unseres Restaurants mit dem passenden Namen *L'Art de Vivre*, unseres Hotels *Hôtel de charme* und unserer Handwerksgalerie vor und wacht über die Organisation der zahlreichen Veranstaltungen, die das ganze Jahr über bei uns stattfinden.

Michael Van Dujin, meine rechte Hand, habe ich vor drei Jahren kennengelernt. Das *back-office*, also die Abteilung Personal-Management (der *Process*) ist sein Revier, das *front-office*, und damit alle kundenbezogenen Angelegenheiten sowie das Produkt-Qualitätsmanagement sind mein Reich. Wir ergänzen uns hervorragend und die Effizienz unserer Zusammenarbeit beruht auf gegenseitigem Respekt und ständigem Erfahrungsaustausch. Er hat flämische Wurzeln und ein hervorragendes Talent für Verwaltungsangelegenheiten. Er ist Geschäftsführer, was es mir erlaubt, einen gewissen Abstand zu verschiedenen Bereichen zu gewinnen. Vor allem den Bau der neuen Kellerei leitet er mit sicherer Hand.

9

Der Weg der Initiation

Auf dem Weg, sich selbst zu entdecken, sucht man am besten die Begegnung mit anderen. Man kann dabei lernen, Spannungen zu lösen, Ängste zu überwinden, sich vertrauensvoll einer Zukunft voller Möglichkeiten und Wunder zuzuwenden. Ein starker Wille hilft, sich über belastende Blicke, Urteile und Tadel anderer hinwegzusetzen. Um eins werden zu können mit der Weltseele, ihre Mission und Reinkarnation verstehen zu lernen, muss man sich auf eine Initiationsreise, eine Reise ins Innere begeben. In meinem Leben hat diese Reise zu einem frühen Zeitpunkt begonnen und sich nach dem Tod meines Vaters beschleunigt.

Als Rugby-Spieler bekam ich die Möglichkeit, über mich hinauszuwachsen und Grenzen zu überwinden, ich gewann mehr Vertrauen in mich selbst und in meine Nächsten. Diese solidarische Dimension, diese Regung des Herzens, öffnete mir die Augen und ebnete mir den Weg. Die Flamme wurde auf mehreren Ebenen entzündet und sollte nie wieder erlöschen.

Was für das Rugby gilt, gilt auch für den Weinbau: Ein fester Glaube verleiht den nötigen Mut zur Entdeckung und schmiedet den Unternehmergeist. Bereits mit 22 Jahren war ich überzeugt, dass Reisen und Begegnungen mit Menschen zur Entwicklung meiner beruflichen Aktivitäten unabdingbar sind. Nachdem ich mit meinen treuen Botschaftern in Frankreich ein engmaschiges und verbindliches Netz an Kontakten geschaffen hatte, unternahm ich meine ersten Reisen in Europa, Asien und schließlich in Nordamerika. Ich habe 20 Jahre gebraucht, um die Strukturen des Weltmarkts, seine Komplexität und Besonderheiten verstehen zu lernen. Akteure im angelsächsischen Raum haben das Potenzial der französischen Terroirs erkannt und ihre Märkte für Weine aus Frankreich geöffnet, wovon vor allem Bordeaux-Weine profitiert haben. Die Weine des Südens waren im europäischen Raum noch kaum, jenseits davon gar nicht vertreten. Diese Tatsache bestärkte mich in meiner Überzeugung, dass wir niemals allein auf die Qualität unserer Weine zählen könnten. Wir müssten weiter ausholen und starke Beziehungen zu Weinhändlern etablieren, um unsere Werte und die Besonderheit unserer *Art de vivre* zu vermitteln.

Hier war der Siegeswillen, den ich mir beim Rugby angeeignet habe, mein wichtigster Verbündeter, denn der Weg, den ich zu gehen hatte, war steinig und voller Hindernisse. Ich verstand, warum mein Vater so große Schwierigkeiten hatte, die ersten Flaschen zu verkaufen. Niemals wollte ich den Mut verlieren oder bei den ersten Schwierigkeiten das Handtuch werfen, auch wenn Zweifel und Schlaflosigkeit zu Beginn dieses Abenteuers meine ständigen Begleiter waren.

Vorsehung und Synchronizität bescherten mir zum richtigen Zeitpunkt die richtigen Kontakte. Starke Persönlichkeiten meinten es gut mit mir, schenkten mir ihr Vertrauen und öffneten mir Türen. Oft erhielt ich auf wundersame Weise Auftrieb oder lernte einen Seelenverwandten kennen. Mit solchen Menschen exzellent zu speisen kam einer Verlängerung dessen gleich, was ich in den dritten Halbzeiten erlebt hatte. Wenn die Augen zu strahlen beginnen und die Schranken fallen, kann man sich auf einer menschlichen Ebene begegnen, sich austauschen, einander anvertrauen und zu den wesentlichen Dingen finden. Der Duft des Weins öffnet die Herzen der Menschen, verleiht ihnen Mut, Empathie und schafft

Gemeinsamkeiten. Nach einigen Flaschen guten Weins lernt man sein Gegenüber besser kennen, ohne sich an das eigene Ego zu klammern und teilt Momente der Ewigkeit.

Régis Boucabeille aus Canet-d'Aude bei Narbonne war einer der Ersten, die nach Brüssel gingen, um die Weine unserer Region zu fördern und die Terroirs des Languedoc und Roussillon in ganz Europa erfolgreich zu vermarkten. Ein mutiger Mann mit viel Energie und seltener Überzeugungskraft. Er brachte mir Sympathie entgegen und erschloss mir wichtige Absatzmärkte in Belgien, Deutschland, den Niederlanden und den skandinavischen Ländern. Er war der erste Botschafter meiner Weine im internationalen Raum und weihte mich in die Gesetze des Marktes und die Kunst der Verhandlung ein.

Eines Winterabends haben wir drei Stunden lang erfolglos versucht, einen Einkäufer von der Qualität der Weine vom Gut Castelmaure zu überzeugen, einer reizenden Enklave der Hautes Corbières, der mein Vater neues Leben eingehaucht hatte. Wir wollen uns schon geschlagen geben, denn unsere Argumente sind wirkungslos, da kommt Régis die rettende Idee: „Cher Monsieur", sagt er, „wir können nicht auseinander gehen, ohne diese Weine gekostet zu haben, schließlich haben die Winzer es verdient. Und weil es schon so spät ist, schlage ich vor, diese Flaschen ins Restaurant nebenan mitzunehmen." Wir haben alle Flaschen geleert, und um zwei Uhr morgens kritzelt der Einkäufer auf einen Fetzen Papier seine Bestellung von 3000 weiteren Flaschen. So etwas lernt man nicht in der Schule, so etwas lernt man im Eifer des Gefechts.

Hervé Robert, ein Franzose mit Wohnsitz in Düsseldorf, schärfte meinen Blick für die Bedürfnisse des Kunden und seine Kaufgewohnheiten. Bei Jacques' Wein-Depot hatte er sich ausgezeichnete Fähigkeiten angeeignet und mit der Unterstützung von Kathy Feron und ihrem Team vermittelte er den deutschen Konsumenten französische *Art de vivre*. Eine Meisterleistung!

In den Vereinigten Staaten wurde ich von M. Mel Dick mit großem

Wohlwollen empfangen. Dieser außergewöhnliche Geschäftsmann hatte mit Unterstützung der Familie Chaplin innerhalb von 40 Jahren das erste Vertriebsunternehmen für Wein und Spirituosen Amerikas aufgebaut. Er war in den Straßen von Brooklyn aufgewachsen, wo er sich mit dem amerikanischen Boxer Sugar Ray Robinson anfreundete. Wir teilten die Werte der Kampfsportarten Boxen und Rugby. Er ließ mich mein Glück in New York versuchen, und sagte: „Gérard, wenn du hier Erfolg hast, ruf mich wieder an und wir reden über die anderen Staaten." In sechs Monaten kehrte ich sechsmal in diese Stadt zurück, um meine ersten Flaschen zu verkaufen. So kam die ganze Geschichte ins Rollen. Kurz darauf machte er mich mit seinem Team bekannt und ich stellte in den Vereinigten Staaten sieben Leute ein.

Wir haben in 25 Jahren ein internationales Netzwerk geschaffen, das auf unseren wichtigsten Werten basiert: Erfahrungsaustausch und Selbstlosigkeit. Heute sind wir in hundert Ländern vertreten, wo wir symbolisch die Flagge unserer Region hissen. Seit etwa zehn Jahren pflegen wir wichtige Partnerschaften mit großen Chefköchinnen und Chefköchen und ihnen habe ich es verdanken, wenn ich in den besten Restaurants dieser Welt zahlreiche kulinarische Traditionen kennenlernen durfte. Wir sind stolz, auf diese Weise die Rezepte eines Landes mit individuell darauf abgestimmten Weinen aus Südfrankreich dauerhaft verknüpft zu haben.

Überall auf der Welt liebt man unser Land, unsere *Art de vivre* und unser geschichtliches Erbe. Wir müssen diese Geisteshaltung, dieses *french flair*, das uns so liebenswert macht, bewahren, ohne die Offenheit und den Respekt für andere Traditionen zu verlieren.

Ich liebe es, zu reisen und neue Kulturen, neue Landstriche, aber auch Traditionen, Bräuche und Rituale fremder Länder kennenzulernen. Ich habe erlebt, wie ein französischer Pass Türen öffnen kann. Wer viel reist, wird toleranter, bewusster und empfänglicher für sein Gegenüber. Während meiner vielen Aufenthalte in Asien lernte ich vor allem Japan näher kennen. Die Solidarität, der Gemeinschaftssinn und die Stärke, mit der das japanische Volk aus der Katastrophe in Fukushima hervorgegangen ist, haben mich tief beeindruckt.

Ob ich in Tokio oder New York, Amsterdam oder Brüssel, Miami, Kuala Lumpur, Rio de Janeiro, Schanghai, London, Berlin, Mexico oder Sidney bin, überall gehe ich gern auf Entdeckungsreise, immer bin ich auf der Suche nach der Magie eines Ortes.

Die Welt zu bereisen bedeutet auch, die Heimkehr ungeduldig herbeizusehnen und die Seele des Terroirs, seiner Erde und die seiner Urahnen erneut in sich aufzunehmen. Jedes Mal, wenn ich in meine Heimat, zu meiner Familie, in diesen Landstrich der Corbières zurückkehre, beginnt mein Herz schneller zu schlagen und ich lasse mich von den Düften, der Schönheit der Natur und den Erinnerungen des Ortes überwältigen. Dann trete ich wieder in Verbindung mit meinem tiefsten Inneren.

10

Die Pyramide der Sinne

Wein ist mehr als nur vergorener Traubensaft. Er ist ein Substrat mit unzähligen Eigenschaften. Seit 5000 Jahren, wenn nicht gar länger, begleitet er den Menschen und ist ein Bindeglied zwischen den Zivilisationen. In der katholischen Kirche wird er in der Wandlung zum Blut Jesu Christi, was dem Wein hohen Symbolcharakter verleiht. Wir müssen uns die Frage stellen, welche Erwartungen an Wein geknüpft sind und uns dazu einen Teil seiner Geschichte ins Gedächtnis rufen.

Ende des 19. Jahrhunderts ist der Konsum von Wein in einigen europäischen Ländern wie Frankreich, Italien, Spanien und Portugal bereits fest etabliert. Auch in der Schweiz, in Deutschland und in Österreich hat Weinbau Tradition, ebenso in Teilen Osteuropas, etwa auf der Krim und in Georgien, der historischen Wiege des Weins, wo man hervorragende Rotweine erzeugt. Hinzu kommen die legendären Tokajer in Ungarn und diverse Likörweine in Rumänien. Später bauen Chilenen, Argentinier und Mexikaner Wein an – mal mehr, mal weniger –, bis auch sie in den beschleunigten Rhythmus der globalen Märkte einstimmen. In Kalifornien, wo man sich auf die zweihundertjährige Tradition der von spanischen Mönchen geplanten Rebflächen stützen kann, trägt man zum Aufschwung des Weinkonsums in den USA maßgeblich bei.

Dagegen ist das wachsende Interesse an Wein in Asien, besonders in Japan und China, noch relativ jung. Dort wird Wein nicht nur getrunken, man begeistert sich auch für den Anbau und die Geschichte der Weinbaugebiete, die von so prestigeträchtigen französischen Regionen wie Bordeaux und Burgund geprägt worden ist. Mit Respekt, Würde und rituellem Zeremoniell fördern die Japaner zunächst die Verbreitung von französischen, später von europäischen und jüngst von Weinen der Neuen Welt. Wein wird zum wesentlichen Element einer gemeinsamen Mahlzeit. Besonders geschätzt sind Rotweine, obwohl sie keine idealen Begleiter der japanischen Küche sind, in der traditionell viel Fisch verwendet wird. In den letzten Jahrzehnten ist das Servieren großer Weine bei Gala-Diners Ausdruck von Lebensart und Weltoffenheit geworden. Der jährliche Pro-Kopf-Konsum bleibt in Japan jedoch relativ niedrig (trotz des deutlichen Anstiegs zu den Feiern zum Jahresende).

In China brachte der Übergang vom Kommunismus zum Kapitalismus Ende der 1980er-Jahre viele neue Millionäre hervor und begünstigte eine Mittelschicht, für die besonders Bordeaux-Weine zum Symbol des sozialen Aufstiegs geworden sind. Zum exklusiven Kreis der Sammler zu gehören und Weine von Petrus, Château Latour und besonders Château Lafite Rothschild zu erwerben, kommt einer Eintrittskarte in den Club der oberen Zehntausend gleich.

Auch Russland hat seine Lust am Konsum von Luxusgütern entdeckt, nicht nur von Spitzenweinen, sondern auch von Haute-Couture, Prêt-à-Porter und Juwelen, die in den alle zwei Jahre stattfindenden glanzvollen *fashion weeks* feilgeboten werden. Dieser höchst eindrucksvoll orchestrierte Wanderzirkus für eine globale Finanzelite ist Teil des ausgeklügelten Systems des globalen Massenkonsums. Damit ist der Wein endgültig in den frenetischen Tanz und die Kadenz der Konsumgüter eingetreten.

Die traditionelle Verkostung der Primeur-Weine in Bordeaux ist längst nicht mehr das einzige Ritual der Qualitätsprüfung neuer Jahrgänge. Sicher liegt der Standort Bordeaux dank seiner wirtschaftlichen Kraft und einzigartigen Organisationsstruktur immer noch weit vorn. Doch gegenwärtig werden wir Zeugen einer wahren Explosion von Weinsalons, Messen und Verkostungen auf allen fünf Kontinenten. Diese Veranstaltungen sind längst nicht mehr dem Fachpublikum vorbehalten, sondern ziehen Verbraucher und Weinliebhaber gleichermaßen an. Die Sozialen Medien, aber auch die zahlreichen Anwendungen für Smartphones und Tablets wirken als effiziente Multiplikatoren von Informationen, die Zugang zum weltweiten Angebot gewähren.

In den 1980er-Jahren sind es französische, britische und US-amerikanische Journalisten, die als erste den Aufschwung der Weinbranche begünstigen. Dabei gehen Franzosen und Briten akademisch, fast enzyklopädisch vor, während die US-Amerikaner mehr Erfindungsreichtum beweisen. So bringt etwa Robert Parker ein Abstecher nach Frankreich auf die geniale Idee, mit *The Wine Advocate* ein Magazin zu gründen, das Weinbewertungen veröffentlichen und dabei das traditionelle europäische System von 0 bis 20 durch ein 100-Punkte-System ersetzen soll. Innerhalb weniger Jahre wird Parker zum Ausnahmeverkoster, der weltweit an Einfluss gewinnt und die Hierarchisierung der Weine und Spitzenlagen bestimmt. Er bringt die Weine der Alten in Kontakt mit jenen der aufstrebenden Neuen Welt, wobei er gern die Entwicklung letzterer fördert. Indem er die kalifornischen Cabernet-Sauvignons qualitativ auf eine Stufe mit den besten Bordeaux-Weinen stellt, trägt er zur Entwicklung des Konsums von Weinen aller Kontinente bei. Nach 30 Jahren ist ein zunächst eher begrenzter Markt auf globale Dimension angewachsen und seine Regeln ändern sich täglich. Im gleichen Zeitraum steigen Weine, deren Ansatz auf die Rebsorte ausgerichtet ist, schneller in der Gunst der Konsumenten, für die er sehr viel leichter verständlich ist als das Terroir mit seinen Mysterien.

Es wird Zeit, über eine Segmentierung nachzudenken, die sich nicht nur auf die französischen, italienischen und spanischen Modelle der *IGP (Indication géographique protégée* / g.g.A. – geschützte geografische Angabe) und *AOP (Appellation d'origine protégée* / g.U. – geschützte

Ursprungsbezeichnung) bezieht. Im angelsächsischen Raum gab es in den 1990er-Jahren die pragmatischere Initiative für eine neue Klassifizierung in ein siebenstufiges System:

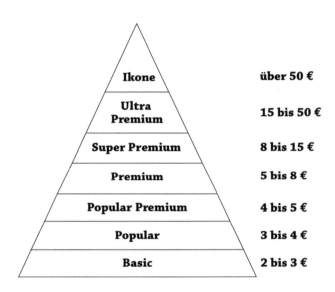

Nach reiflicher Überlegung und vielen Reisen bin ich überzeugt, dass es Zeit wird, eine neue Form der Hierarchisierung von Wein zu entwickeln, denn heute ist nicht mehr der Preis das entscheidende Auswahlkriterium für den Kunden. Während noch vor 20 Jahren ein Spitzenwein etwa das Zehnfache eines Weins von vernünftiger Qualität kostete, zahlt man inzwischen leicht das Hundertfache und die Nachfrage nach Spitzenweinen, deren Kurs oft von der Bewertung durch Journalisten abhängt, steigt weiter.

Zudem kann man die Entstehung eines neuen Phänomens beobachten, das an Spekulation und die begrenzte Produktion von Einzellagenweinen geknüpft ist, die der steigenden Nachfrage nicht nachkommen. Turbulenzen rühren auch von der Finanzkrise her oder von neuen Governance-Modellen in China, die einen Rückgang der Nachfrage zur Folge haben, obwohl mit Brasilien, Nigeria, Kolumbien und vor allem Indien noch große Wachstumsreserven bestehen.

Der zweite, originellere Ansatz besteht darin, einen Wein nicht mehr nach dem Markt zu klassifizieren, sondern nach denen, die ihn trinken. Die Verbraucher werden selbstständiger und beginnen, sich den Gesetzen des Marktes zu entziehen. Weinliebhaber wissen, dass sie mit ihrem Mobiltelefon in nur zehn Sekunden mit jedem Winzer in Kontakt treten können. Für den, der alles wissen will, gibt es keine Geheimnisse mehr. Die Welt ist zum Vorgarten geschrumpft, wo der Konsument in seinem Sessel sitzt, genüsslich einen guten Rosé trinkt und alles bestellen kann, was sein Herz begehrt. Natürlich zähmen logistische Schwierigkeiten und Zollbestimmungen den Freihandel, doch das kann den Vormarsch des Konsumenten nicht aufhalten. So mancher ist in der Blogosphäre selbst zum Berater geworden.

Ich für meinen Teil glaube an einen neuen, weniger kaufmännisch ausgerichteten Ansatz, der mehr Wert auf die Bedürfnisse der Verbraucher legt. Die Pyramide der Sinne besteht aus vier Ebenen:

Immer mehr Weinfreunde sind neugierig darauf unbekanntes Terrain zu erkunden und bereit für eine Sensibilisierung ihrer Wahrnehmung und die Anregung der Sinne. Man darf diese Frauen und Männer nicht länger dem Diktat der Etiketten unterwerfen, sondern muss ihnen ermöglichen, eigene Kriterien zu schaffen, die ihren Bedürfnissen entsprechen. Längst wird Wein nicht mehr als Lebensmittel konsumiert wie in Zeiten körperlich meist schwerer Arbeit, als er einen Teil des täglichen Kalorienbedarfs decken musste. Und dank präziser Vinifikationsstechniken, der Traubenlese zum Zeitpunkt optimaler Reife und vieler anderer Qualitätsverbesserungen im zeitgenössischen Weinbau kommen heutzutage kaum noch schlechte Weine in den Handel. Womit die Voraussetzungen gegeben sind.

Das Vergnügen

Die erste Stufe der Wahrnehmung eines Weins ist das Vergnügen als Ergebnis einer Entdeckung, eines gemeinsamen Genießens. Heute geht die Zahl der regelmäßigen Konsumenten zurück (denn bei unserer überwiegend sitzenden Lebensweise brauchen wir keine zusätzlichen Kalorien), während die Zahl derer, die Wein zu besonderen Anlässen trinken, kontinuierlich steigt.

Das Vergnügen an einem Wein beginnt mit seiner Farbe, die klar, leuchtend und brillant sein sollte. Die Nase sollte intensiv genug sein und eine gewisse Typizität der Rebsorte oder der Assemblage vermitteln. Und das Vergnügen sollte andauern beim ersten Mundgefühl. Wein ist nicht dazu da, verkostet zu werden. Man soll ihn trinken, das ist das Allerwichtigste. Wenn die Flasche nach einem Abendessen mit Freunden leer ist, hat der Winzer seine Mission erfüllt.

Der Geschmack

Hier betreten wir ein neues Universum. Das Interesse verlagert sich zur berümten „Rinne des Glücks". Der Geschmack sitzt in der Kehle, er ist das, was bleibt, wenn man den Wein getrunken hat. Wir unterscheiden Geschmack und Nachgeschmack: Fachleute sprechen von „Caudalie", Weinfreunde von einer „Länge am Gaumen".

Nach einer allgemeinen Regel wird der Geschmack des Weins von einer Ursprünglichkeit geprägt, einer Ausdauer, die abhängig ist vom Alter der Reben und von begrenzten Erträgen. Es ist faszinierend zu beobachten, wie jemand mit ausreichend Erfahrung und Fachkenntnis in der Lage ist, den Geschmack eines Weins auf die Beschaffenheit eines Terroirs zurückzuführen. Essenzen des Bodens, seiner tieferen Schichten und der unmittelbaren Umgebung der Reben durchdringen die Trauben während ihrer Wachstumsphase, also in den Monaten Mai bis September.

Weintrauben sind die einzigen Früchte, die nach der Gärung Aromen aller anderen Früchte, zahlreicher Pflanzen und Besonderheiten des Bodens (Schiefer, Eisen, Kalk usw.) ausprägen können. Cidre schmeckt im Vergleich dazu nach Apfel, mehr aber auch nicht.

Als Genussmensch beschäftige ich mich gern mit der Kombination von Wein und Speisen, besonders wenn Wein eine Zutat in Rezepten ist. Wein und Speisen beinflussen sich gegenseitig, schaffen eine Osmose, ja eine Symphonie. Wein hat geschmackserweiternde Eigenschaften und ergänzt das auf süß, salzig, sauer und bitter beruhende Spektrum von Geschmäcken. Er entfaltet viel subtilere Noten, die auf die Herkunft und Entwicklung der Trauben zurückgeführt werden können. Natürlich kann man über die gängigen Definitionen hinausgehen, denn Geschmack ist eine Frage der Tradition. Die Japaner haben den „fünften Geschmack" entdeckt, den sie *umami* nennen. Man findet ihn in manchen Arten von Trockenfisch, aber auch in Sojasauce. Diese Feinheit im Geschmacksempfinden ist in allen Kulturen anzutreffen, wenn auch nicht jede die Worte besitzt, um sie zu beschreiben.

Geschmack ist das Salz des Lebens, und der Wein verstärkt ihn.

Das Gefühl

Endlich kommen wir zum Wesentlichen: dem Herzen.

Über einen Wein ein Gefühl zu wecken erfordert unverzichtbare Vorbereitungen. Zunächst muss man sich mit Menschen umgeben, die man liebt oder schätzt. Bei der Wahl des richtigen Weins sollte auf beste Qualität, auf Reinheit, Wahrheit und auf die Alchemie zwischen Winzer und Terroir Wert gelegt werden.

Der ausgewählte Jahrgang sollte auf seinem Höhepunkt und trinkreif sein. Ein großer Rotwein enthüllt sein Geheimnis nach etwa zehn Jahren Reifezeit, ein ausgezeichneter Weißwein oder Schaumwein gelangt etwas eher zu optimaler Reife. Für natürliche Süßweine empfehle ich eine Mindestreifezeit von 50 Jahren.

Nachdem die Entscheidung für einen Wein gefallen ist, folgt seine sorgfältige Vorbereitung. Man sollte ihn rechtzeitig entkorken um für eine gute Belüftung zu sorgen, und ihn wenn nötig dekantieren. Der Wein sollte die angemessene Trinktemperatur haben. Die Empfehlungen des Winzers hinsichtlich Trinktemperatur und möglicher Speisenkombinationen auf der Etikettrückseite oder des Sommeliers in einem Restaurant sollte man berücksichtigen, denn es ist wichtig, dass der Wein mit dem bestellten Gericht konkurrieren kann, ohne es zu überlagern oder ihm zu widersprechen.

Es gibt keine absolute Wahrheit, was den Zusammenklang von Wein und Speisen angeht, doch ich empfehle zu einem Fleischgericht meistens einen Rotwein, denn die Proteine zähmen die Tannine im Mund. Was den Käse betrifft, so reicht man einen säuerlichen Käse wie Ziegenkäse am besten zu Weißwein, Weichkäse passt besser zur Rotwein. Intensive Käsesorten harmonieren hervorragend mit Likörweinen oder natürlichen Süßweinen.

Sind all diese Voraussetzungen erfüllt, wird die Zeit möglicherweise wie von Zauberhand angehalten und man erlebt mit einem guten Wein einen Moment Ewigkeit. Gefühle erreichen ihren Höhepunkt und können sich auf alle anderen Gäste übertragen – sofern sie für diese Erfahrung offen sind und über das notwendige Wissen verfügen –, sie können sich aber auch in kleinem Kreis an einer Ecke des Tisches entfalten. Man kann einen großen Wein natürlich auch allein auf diese Art genießen, doch das Erlebnis wird nicht dasselbe sein.

In jedem Fall empfehle ich, weise zu wählen, mit wem man einen Spitzenwein teilt, denn man erreicht die dritte Ebene nur selten.

Die Botschaft

Nach der Erweckung aller fünf Sinne lässt sich eine neue Tür öffnen, die zur Botschaft führt.

Eine Flut von Gefühlen kann bisweilen den Weg zu einer mystischen Erfahrung „freispülen". Um diesen Bewusstseinszustand zu erreichen, braucht man nicht religiös zu sein, auch wenn das natürlich hilft. Wer erfüllt ist von einem Gefühl inneren Friedens, von Ausgeglichenheit, Liebe und Harmonie, der ist bereit, mit der Seele des Weins zu verschmelzen, seine wahre Essenz zu spüren. Man braucht dazu etwas Übung, solides Wissen und vor allem Begeisterungsfähigkeit.

Wer diesen Zustand einmal erlebt hat, wird ihn künftig leichter erreichen. Es ist fast wie in Jakobs Traum von der Leiter, die Erde und Himmel verbindet und auf der Jakob die Engel Gottes hinab- und hinaufsteigen sah.[1]

1. Die Bibel, Genesis 28: 11-29

Es gibt seltene Weine, die das Potenzial haben, ganz ähnliche Wahrnehmungen auszulösen. Sie sind einzigartig und ihren Gestaltern ist es gelungen, ihrem Wein die Botschaft des Terroirs, die Alchemie von Klima, Rebsorten und jahrgangsbedingter Besonderheit zu entlocken.

Solche Weine sind niemals das Ergebnis eines übersteigerten Egos, es braucht vielmehr vollendete Harmonie und Demut, damit die Hand des Menschen ein Meisterwerk schafft, vergleichbar den Arbeiten großer Künstler. Denn Kunst ist Ausdruck menschlichen Verhaltens in Vollendung.

Halleluja!

11

Biodynamischer Weinbau

Cigalus wird umgestellt

Als überzeugter Anhänger der Homöopathie beginne ich auf zwei Hektar Rebfläche biodynamische Methoden ausprobieren. Ich wage dieses Abenteuer gemeinsam mit Gilles de Baudus, einem engagierten Mann mit Überzeugung und Schüler von Jacques Mell, Vorstandsmitglied bei Demeter, dem Vorzeigeunternehmen im Bereich *Biodynamie* in Frankreich und weltweit. Bewusst wählen wir den schwierigsten Weinberg, aus dem mit konventioneller Landwirtschaft nichts mehr herauszuholen ist, um die Methode auf ihre Wirksamkeit zu prüfen. Diese vier Hektar große Parzelle teilen wir in zwei gleich große Teile: einen Teil bewirtschaften wir biodynamisch, den anderen weiterhin nachhaltig-konventionell.

Nach zweijähriger Versuchszeit beobachten wir bei den biodynamisch behandelten Reben erste Veränderungen. Symptome, die vom *Fanleaf*-Virus herrühren und zur degenerativen Reisigkrankheit führen, aber auch die Verrieselungen bei den Merlot-Trauben gehen zurück und die Trauben erreichen einen höheren Reifegrad. Die Anwendung von Auszügen aus zermahlenen Pflanzenteilen, die in homöopathischen Dosen mit dynamisiertem Wasser[1] zubereitet

---

1. Wasser wird in einen Holzbottich gefüllt und mindestens 20 Minuten lang abwechselnd linksherum und rechtsherum gerührt, sodass Strudel und Gegenstrudel entstehen. Dieses Phänomen wird Vortex genannt.

werden, erweist sich als erfolgreich und so können wir zukünftig auf chemische Produkte verzichten.

Die Traubenlese beschert mir unerwartete Momente taktilen Genusses: Das charakteristische Aroma der Rebsorte ist intensiver, sie präsentiert sich am Gaumen deutlich ausgewogener als chemisch behandelte Beeren, die meine Schleimhaut nur reizen.

Auch die ersten Entwicklungen im Keller sind vielversprechend und die getrennt gekelterten Parzellen zeigen deutliche Unterschiede. Die biodynamisch angebauten Trauben lassen mehr Frische, Frucht und Mineralität erahnen. Deutlicher kann man kaum erkennen, dass Rebstöcke, die ja nicht in erdeloser Kultur gezogen werden, auf alle entscheidenden Einflüsse der Umwelt reagieren.

Als logische Schlussfolgerung beschließen wir, die gesamte Parzelle umzustellen. Das beginnt mit einem drei- bis vierjährigen Purgatorium, der Reinigung, je nach Ausmaß der Kontamination der Böden. Alles kommt von der Erde, und alles kehrt dahin zurück.

Die Anwendung biodynamischer Methoden im gesamten Vegetationszyklus der Reben bringt sie ins Gleichgewicht zurück und schafft eine Verbindung mit irdischen und kosmischen Schwingungen. Sonne, Mond und Gestirne haben einen bedeutenden Einfluss: er ist stärker bei den Himmelskörpern, die im Verhältnis zur Erde der Sonne näher sind, also Mond, Merkur und Venus, aber auch die von der Sonne entfernteren Planeten Mars, Jupiter und Saturn wirken auf die Erde.

Nach Rudolf Steiner empfangen alle Pflanzen diese starken Einflüsse über Silizium und Kalkstein. Als wesentlicher Bestandteil der Erdkruste hat Silizium eine starke Wirkung auf die gesamte Entwicklung der Pflanzen: es vitalisiert sie, harmonisiert ihr Zentrum und legitimiert ihr Wesen, ihre Bestimmung. Wälder und angrenzende Bäume brauchen die Wechselwirkung mit Silizium, um im Gleichgewicht zu bleiben. Dagegen steht jener Teil der Pflanze, der mit der Reproduktion, dem Lebenszyklus assoziiert wird, dank der näher gelegenen Planeten in enger Verbindung mit Kalkstein.

Nach der Anwendung dieser Prinzipien im Weinbau offenbart vor allem die Verkostung, welchen Einfluss die astralen und irdischen Kräfte ausüben.

Mein Freund und kompetenter Berater Jean-Claude Berrouet weiht uns in die Verkostung von Steinen ein. Das klingt merkwürdig, doch „Kiesellutschen" ist lehrreich, verrät es doch viel über den Geschmack des Terroirs und wie es sich im Geschmack des Weins spiegelt. Mineralität äußert sich vor allem im Abgang durch eine gewisse Spannung und sie regt den Speichelfluss an. Kalkstein zum Beispiel ist salzig. Kieselsteine schmecken nach dem Eisen, das im Feuerstein enthalten ist. All das ist faszinierend und ruft die Kindheit in uns wach. Wie oft hören wir Eltern ihre Kindern ermahnen, den Stein im Mund wieder auszuspucken. In Wirklichkeit wollen Kinder Mineralien kosten, um sich unbewusst, aber ganz selbstverständlich mit der Natur zu verbinden. Ich habe noch nie erlebt, dass ein Kind einen Stein heruntergeschluckt hat.

Oft sind unsere Ängste dafür verantwortlich, wenn wir uns vom Wissen unserer Vorfahren abwenden. In unserem Hochmut glauben wir, alles besser zu wissen und vergessen dabei, wie begrenzt unsere Zeit hier ist. Da ist die Natur intelligenter als wir. Seit Jahrmilliarden reguliert sie sich selbst und macht sich bemerkbar, wenn sie sich in Gefahr wähnt. Dann entwickelt sie Strategien, um sich vor unseren Übergriffen zu schützen.

Der Mond hat einen entscheidenden Einfluss auf das Wachstum aller Pflanzen und besonders auf Reben. Unsere Vorfahren richteten die verschiedenen Arbeiten im Weinberg und auf den Feldern nach den Mondphasen aus. Der Mondkalender ist das Urmeter jedes guten Winzers in biologischer oder biodynamischer Landwirtschaft. Ich unterscheide hier bewusst zwischen diesen beiden

Anbaumethoden. Der Öko-Landbau, der in Frankreich mit dem AB-Siegel zertifiziert wird, hat einen wichtigen Beitrag zur Entwicklung der französischen Landwirtschaft geleistet. Das Bewusstsein dafür hat sich vor rund 30 Jahren entwickelt und die Erzeugung von qualitativ hochwertigem Obst und Gemüse, von tierischen Produkten und Weinen ermöglicht. Öko-Landwirte haben das Ende kontaminierter Böden und synthetischer Düngemittel eingeleitet. Dieser Fortschritt garantiert gesunde und natürliche Produkte mit hervorragenden geschmacklichen und ernährungsphysiologischen Eigenschaften. Der Großhandelssektor und spezialisierte Vertriebsnetze in Frankreich und weltweit tragen zur Verbreitung der Produkte bei. Diese Entwicklung ist ein Hoffnungsschimmer für die Menschheit.

Die biodynamische Landwirschaft geht noch weiter: Sie hilft, die Böden bis in die tiefsten Schichten zu entgiften und verleiht den Bemühungen der Landwirte, die der unmittelbaren Umgebung und dem Gleichgewicht zwischen benachbarten Landstrichen Rechnung tragen, eine spirituelle Dimension. Die Verwendung von zermahlenem Silizium und die Pflanzenauszüge aus Schafgarbe, Eiche, Löwenzahn und Brennnessel, die in verschiedenen Wachstumsstadien zermahlen und ausgebracht werden, bringen die Kulturen mit den irdischen und kosmischen Kräften in Einklang.

Es bedarf der Philosophie, der Liebe zur Weisheit (wörtlich übersetzt), um dem Menschen, seinem Handeln im Einklang mit der Natur eine spirituelle Kraft zu verleihen.

Der Mondkalender hat zudem einen entscheidenden Einfluss auf den Zeitpunkt der Lese, der Vinifikation, des Ausbaus und der Abfüllung der Weine. Er weist fünf verschiedene Tagesqualitäten aus, die den Takt für die Monate eines Jahres vorgeben: Fruchttage, Blütentage, Wurzeltage, Blättertage und Mondknoten.

Abstich und Abfüllung dürfen nur an Frucht- oder Blütentagen erfolgen, sodass der Wein sich öffnen und seine fruchtige Dimension entfalten kann. Mit etwas Übung lernt man, die wahrnehmbaren

Unterschiede der Weine vor und nach ihrer Abfüllung zu erkennen. Das hilft auch, die feinsten Abstufungen in Geschmack und Ausgewogenheit eines Weins verstehen zu lernen, der über mehrere Tage hinweg verkostet wird.

Biodynamisch erzeugte Weine, die ihr Terroir und das Talent ihres Winzers zum Ausdruck bringen, stehen in Verbindung mit der lebendigen Welt.

Steiner hat das Wissen der Bauern, das auf Beobachtungsgabe und gesundem Menschenverstand beruht, systematisiert und in seiner Lehre sublimiert. In seiner dritten Vorlesung schildert er die Wirkungen und Wechselwirkungen von Stickstoff, Schwefel, Kohlenstoff, Wasserstoff, Sauerstoff sowie die Bedeutung von Geist in der Natur, seine Struktur und harmonisierende Wirkung. Er erklärt, welche Rolle astrale und irdische Kräfte sowie toter und lebendiger Stickstoff spielen und welchen Einfluss sie auf die Pflanzen und die Psyche des Menschen ausüben. Sonnenlicht und Wasser interagieren sehr stark mit Kalkstein, Silizium und den Himmelsköpern, besonders mit dem Mond. Ein Gewitter vor Vollmond ist die ideale Voraussetzung für ein außergewöhnlich starkes Wachstum der Pflanze.

Diese unerschütterliche Ordnung, diese raffinierte Präzision, diese ungeheure Komplexität bewegen den Menschen zu einer Reflexion über das Wirken und die Macht einer höheren Kraft, die uns vereint, uns verbindet und dazu anregt, im Gefüge der Welt der Steine, Pflanzen, Tiere und des Menschen zugunsten eines friedlichen Zusammenlebens Verantwortung zu übernehmen.

Damit unterstützt die biodynamische Landwirtschaft das Herausbilden eines menschlichen Gewissens, das im Dienst von Weisheit und Respekt für die Natur steht. Dieses neue Paradigma kündet von einer neuen Ära, in der Angst, Stress und Sorgen zu Frieden, Liebe und Harmonie auf Erden werden.

12

Das Kreuz der Westgoten

Vom 3. bis 7. Jahrhundert unserer Zeitrechnung zählten die Westgoten zu den erfolgreichsten germanischen Völkern Europas. Ihr Name „Visigothi" bedeutet soviel wie „die edlen, guten Goten", in Abgrenzung zu den Ostrogothi, den „Strahlenden". Die Umdeutung der Namen in West- bzw. Ostgoten ist römischen Urspungs.

Die Westgoten stammten aus einer Region am Schwarzen Meer, von wo aus sie nach Dakien, dem heutigen Rumänien, zogen. Ab 376 begannen sie ihren Vorstoß ins westliche Europa und ließen sich in Teilen des Römischen Imperiums nieder: auf der Iberischen Halbinsel und (für rund 250 Jahre) im französischen Aquitanien. Die Hauptstadt des Westgotenreiches war Tolosa, das heutige Toulouse. Nach der Schlacht von Vouillé 507 mussten die Westgoten die gallischen Gebiete ihres Reiches bis auf Septimanien (das heutige Languedoc, das sich bis Elne im Roussillon erstreckte) und die Provence räumen. Sie erhoben Toledo auf der Iberischen Halbinsel zu ihrer neuen Hauptstadt und verteidigten ihren Einflussbereich, bis 711 die Mauren in Spanien einfielen. Doch kulturelle und juristische Strukturen westgotischen Ursprungs überdauerten noch Jahrzehnte.

Als Anhänger des Arianismus, einer Religion, die in Jesus Christus keinen Gott, wohl aber ein unmittelbar von Gott geschaffenes Wesen verehrt, glaubten die Westgoten nicht an die Heilige Dreifaltigkeit.

Die trinitarische Kirche schmähte sie daraufhin als Häretiker, bis 589 mit dem Übertritt des Westgotenkönigs zum Katholizismus die Spannungen beendet waren.

Das hier abgebildete Kreuz gibt einen Ausschnitt wieder aus einem Marmorrelief im Musée lapidaire de Narbonne. Es stammt wohl aus der Regierungszeit des Westgotenkönigs Alarich II. (484–507) und ist zum Symbol für Septimanien geworden.

Das in seiner Konzeption einzigartige Kreuz ist reich (mit Perlen?) geschmückt. An seinen Querarmen hängen Alpha und Omega, die als erster und letzter Buchstabe des griechischen Alphabets den Anfang und das Ende der Zeiten symbolisieren. Die beiden Tauben, die an der Spitze des Kreuzes aus einem Kantharos trinken, stehen für Geben und Nehmen, Verbundenheit und Frieden.

Im Original wird das Kreuz von zwei Figuren emporgehoben. Zu Füßen der rechten ist ein Tier abgebildet, das auf den ersten Blick wie ein Hund aussieht, in Wirklichkeit aber ein Krokodil darstellt. Es ist nicht angekettet und stellt offenbar keine Gefahr dar für seinen Herrn, bei dem es sich um einen ägyptischen Mönch handeln könnte.

Mein Freund Professor Jacques Michaud hat mich auf das Kreuz aufmerksam gemacht. Da es viele unserer Werte symbolisiert, dient es uns heute als Emblem. Als Logo ist es Teil unseres Markenzeichens und ziert unsere offiziellen Dokumente sowie viele unserer Etiketten.

Das Zeichen des Kreuzes reicht weit zurück in die Geschichte der Menschheit. Ursprünglich war das Kreuz die stilisierte Darstellung eines aufrechten Menschen, viel später ein Symbol für den Scheideweg. Als Kreuz des Lebens kannten es die Ägypter, bei den Römern stand es Jahrhunderte später im Zentrum der Kreuzigung Christi und wurde endgültig zum christlichen Symbol.

Unser Kreuz von Narbonne unterscheidet sich von einem lateinischen Kreuz, denn es hat vier gleich lange Arme und sein Ursprung liegt im Byzantinischen Reich. Seine vier Arme stehen für die vier Himmelsrichtungen, die vier Elemente, die vier Jahreszeiten und ganz allgemein für die Zahl 4. Im Tarot ist die Vier dem Erbauer (Kaiser) zugeordnet und in der Kabbala der Erde (Malkuth). Sie soll den Menschen verankern, ihm den Weg der Inkarnation als konkreten Punkt in Raum und Zeit aufzeigen. Multipliziert mit der Drei der Trinität (in diesem Fall das Taubenpaar und der Kelch), ergibt die Vier unter anderem die zwölf Monate des Jahres, die zwölf Stunden vom Lauf der Sonne zum Zeitpunkt der Sonnenwende, die zwölf Stufen zur Weisheit, die zwölf Zeichen des Tierkreises.

Die beiden Kreuzbalken haben eigene Bedeutungen. Die Vertikale steht für Geschichte – die Geschichte der Erde, aber auch für eine Geschichte außerhalb der Zeit, wie sie ein alter Wein erzählt, für die Reihe der Ahnen, für die Bedeutung der eigenen Wurzeln. In der Vertikalen liegt zudem eine Verbindung zwischen Gott und den Menschen, sie kündet also von Spiritualität, die stark mit dem Wein verknüpft ist. Der horizontale Kreuzbalken symbolisiert ein Territorium, aber auch die Geschwister, eine Gruppe von Menschen, das Gedränge.

In der Weinverkostung kann man eine Vertikale ziehen, zum Beispiel von einem 2000er Jahrgang zu einem 2005er eines Weinguts, oder auch eine Horizontale, die mehrere Lagen eines Jahrgangs umfasst.

Man kann das Kreuz von Narbonne nicht mit dem schlichteren Okzitanischen Kreuz vergleichen, dessen vier gleich lange Arme jeweils in drei Spitzen münden. Was unser Kreuz von anderen Kreuzen unterscheidet, ist sein Bezug zum Weinbau, der als irdische Tätigkeit mit sakraler Dimension gilt. Die Tauben sind Boten Gottes und erinnern uns an die Arche Noah, an die Verkündigung oder an den Heiligen Geist, verweisen aber auch auf die Vorstellung eines gemeinsamen Friedens, denn indem sie aus *einem* Kelch trinken, kommen sie in vollkommener Harmonie zusammen. Auch der Kelch hat mehrere Bedeutungsebenen. Einerseits verweist er auf die Transmutation, den Gral und die Suche nach dem Geist. Andererseits enthält der mit Wein gefüllte Kelch das Mysterium der Gärung und ist laut dem persischen Sufi-Dichter Omar Khayyām (11. Jahrhundert) das Tor zu Gott. Auf den großen Banketten des Mittelalters und den gemäßigteren des 17. Jahrhunderts wurde ein Kelch von Tischgenosse zu Tischgenosse weitergereicht. Narbonne ist von jeher mit dem Weinbau verbunden, denn die Stadt steht im Zentrum einer der ältesten Weinbauregionen der Welt.

13

Clos d'Ora

Ein Traum wird wahr

Alles begann im Jahr 1997, als ich einen Spaziergang zu diesem Ort unternahm und eine Vision hatte.

Ich fühlte mich vollkommen eins mit der Natur und war voller Liebe für die Schöpfung, und da kam die wesentliche Frage in mir auf: warum hier, inmitten dieses Geröllhaufens, an einem Ort, wo sich die Natur anscheinend zurückgeholt hat, was einst ihr gehörte?

Wir befinden uns in La Livinière in den Ausläufern der Montagne Noire, dem schwarzen Gebirge, auf einer zweihundertfünfzig Meter hohen Erhebung, die in allen vier Himmelsrichtungen von Heidelandschaft und mediterraner Vegetation gesäumt wird. Die Beschaffenheit des Ortes, der nur schwer zugänglich ist, und diese Verwerfung zwischen mergel- und kalksteinhaltigen Bodenformationen lassen mich nicht mehr los.

In diesem Moment hatte ich ein seltsames Gefühl der Erfüllung, das mich irgendwie rührte.

Dieser Wein hat seinen Ursprung in diesem allmählichen Heranreifen meines Geistes, meiner tiefsten Überzeugungen von einer besseren Zukunft und meines ganzheitlichen Ansatzes, das mit der erstarkenden Praxis von positivem Denken und spiritueller Kraft einhergeht.

Er ist eine Form der Vollendung, die Krönung des nunmehr sechsundzwanzig Jahre währenden Prozesses, bestehend aus Forschung,

Begegnungen und Botschaften. Er ebnet den Weg in eine neue Zeit, eine neue Ära, in der alle bescheiden, aber aktiv zu einer Bewusstwerdung beitragen, die mehr Vertrauen, Gelassenheit, Ruhe, Spiritualität und Wohlstand in eine Welt bringt, die in Erneuerung begriffen ist.

Ora ist die Imperativform des lateinischen Verbes *oro/orare* und bedeutet sprechen, vor allem aber beten: *ora pro nobis* – „bitte für uns". Im Griechischen bedeutet es „Zeit" oder „in die Zukunft wachsen". Unsere Vorfahren kannten es als Beginn und Ende der Zeiten – die Prinzipien Alpha und Omega, die man auch auf dem westgotischen Kreuz findet. Dieser zeitliche Raum wurde Ora (ΩPA) genannt.

Die Trinität aus Vergangenheit, Gegenwart und Zukunft erlaubt es dem Menschen, sich zu inkarnieren, zu wachsen und spirituelle Transzendenz zu erfahren. Und das Ende der Zeiten, *apocalysis* (die Offenbarung), steht nicht für das Ende der Welt, sondern markiert den Übergang in eine andere Zeit.

Wir leben in einer bewegten, ja hektischen Epoche, die mit wachsender Beschleunigung einhergeht. Der Mensch wird immer intelligenter, verliert jedoch gleichzeitig seine Fähigkeit zur Intuition. Wir werden mit einer wachsenden Zahl von Einflüssen konfrontiert, und das geht zu Lasten unserer Weisheit und Sensibilität. Neue Technologien und moderne Kommunikationsformen führen dazu, dass wir unsere Inkarnation, den Grund für unser Hiersein, vergessen. Wir leben im Zustand kollektiver Angst und entbehren jedes Bewusstsein für die Zukunft. Wir vergessen, unsere sinnlichen Fähigkeiten, unsere Energie, unseren Geist und das Unterbewusste zu nutzen.

Wir stehen vor der größten Herausforderung dieser Zeit: das Bekannte loszulassen und ins Unbekannte vorzustoßen. Diese Aufgabe weckt tiefliegende Ängste, mündet in Verbissenheit und schließlich in Gewalt. Wir unterliegen der starken Versuchung festzuhalten, was wir hinter uns lassen, anstatt Herz und Verstand für einen Paradigmenwechsel zu öffnen.

Höchste Zeit, dass die Menschheit wieder mit dem Universum in Verbindung tritt und ihre Fähigkeit zur Öffnung nutzt, um sich von ihrer Intuition leiten zu lassen. Als es im Jahr 2004 in Thailand zu dem großen Tsunami kam, stellte man fest, dass viele Tiere in der Region vor der Tragödie geflohen waren. Der Volksmund illustriert diese Fähigkeit mit dem Sprichwort „Die Ratten verlassen das sinkende Schiff". All dies beweist, dass alle Lebewesen eine gewisse Beobachtungsgabe und ein Gefühl der Ahnung besitzen, und auf eine übersinnliche Weise derart mit der Natur in Verbindung stehen, dass sie instinktiv spüren, dass etwas passieren wird. Natürlich verfügt auch der Mensch über diese Fähigkeiten, nur leider tendieren wir in der heutigen Zeit dazu, sie zu verlieren.

Wenn sich nur ein Bruchteil der Menschen in positivem Denken üben und für sich und andere an einer Zukunft voller Frieden, Liebe und Harmonie arbeiten würde, hätte das einen positiven Einfluss auf jeden Einzelnen und die ganze Menschheit. „Liebet und achtet euch" und „Liebe deinen Nächsten so wie dich selbst" lautet die biblische und universelle Botschaft.

Einige Zeit, nachdem ich an diesem Ort diese Offenbarung hatte, empfand ich ein Gefühl der Leichtigkeit, der Gnade und der Schwerelosigkeit. Ich hatte das Bedürfnis, mich mit dem Wesen der Schöpfung zu verbinden und zu meditieren.

Mittlerweile praktiziere ich regelmäßig Meditation, am liebsten morgens. Dann danke ich dem neuen Tag und öffne einen Möglichkeitsraum in mir, um mögliche Geheimnisse und Wunder empfangen zu können.

Diese Vorbereitung hat mein Leben stark verändert. Angst und Stress lassen nach und schaffen Raum für Transzendenz. Ich brauche nur von meinem Fenster aus den Sonnenaufgang zu betrachten, um eins zu werden mit der Schönheit und Vollkommenheit der Schöpfung. Meine Überzeugungen werden immer stärker und meine Handlungen erhalten einen Sinn. Schwierige Momente überstehe ich leichter und ich habe den Mut, mich vom omnipräsenten Pessimismus frei zu machen.

Die Eroberung neuer Horizonte und das Reisen ins Unbekannte sind das Salz des Lebens. Doch überall zeigt sich, dass wir die Quelle unserer Intuition verloren haben. Wir lassen uns durch zahlreiche Interferenzen, den Reiz des Oberflächlichen – eine Information jagt die nächste – und die Trugbilder der Konsumgesellschaft völlig zerstreuen.

In der Landwirtschaft weicht der gesunde Menschenverstand, der auf Beobachtung und einem Verständnis für natürliche Vorgänge beruht, allmählich einer Normierung und somit einer Behandlung der Symptome. Die Synthesechemie hat traditionelle Rezepte weitgehend ersetzt. Als Ergebnis dieser Entwicklung war bei vielen landwirtschaftlichen Erzeugnissen und auch Weinen einige Jahre lang eine scheinbare Qualitätssteigerung zu beobachten. Im Weinbau ging dieses Phänomen mit einer optimierten Anwendung önologischer Prinzipien und einer steigenden Verbreitung von Weinbereitungstechniken einher. Diese Entwicklung wurde mit dem neuen Paradigma marktorientierten Wirtschaftens und einer steigender Nachfrage nach sortenreinen Weinen in Verbindung gebracht. So konnte also ein Übergang vom „ominösen Wein" – oft das Ergebnis des Verschnitts verschiedener Rebsorten – zum „strapaziösen Wein" beobachtet werden. Tatsächlich fand in den achtziger Jahren so etwas wie eine Verdrängung von Tafelweinen durch sortenreine Weine statt, die dem Verbraucher ein Mindestmaß an Geschmack garantierten.

Sollte man sich mit dem wissenschaftlichen Fortschritt zufrieden geben? Was den Weinbau betrifft, mit Sicherheit nicht. Immerhin wird die Rebe in Frankreich seit vierundzwanzig Jahrhunderten kultiviert, und diese weltliche Tradition war schon immer Teil unserer Zivilisationen. Durch seine spirituelle Dimension berührt der Wein den Bereich des Sakralen. Seit Dionysos symbolisiert er Geselligkeit, Austausch und das Zelebrieren von Ritualen. Es ist wichtig, dass er seinen symbolischen Charakter bewahrt und trotzdem ein durststillendes Getränk bleibt.

Die fatalen Folgen der Geschmacksvereinheitlichung und die Auswirkungen chemischer Stoffe auf die gesamte Nahrungskette und die Qualität des Wassers sollten uns wachrütteln und zum Handeln anregen. Schließlich wollen wir unseren Kindern einen Planeten hinterlassen, der in besserer Verfassung ist, als der, den wir vorgefunden haben.

Die verschiedenen Etappen, die wir im vergangenen Jahrhundert durchlaufen haben, waren wichtig, notwendig und haben enorme Fortschritte ermöglicht, die eng mit der Entstehung einer Mittelklasse zusammenhängen, die vorwiegend in Städten wohnt, sitzende Tätigkeiten ausführt und einen wachsenden Bedarf an verarbeiteten Produkten hat.

Der größte Fortschritt der Weinkultur besteht zweifellos darin, dass Weine in der Flasche konserviert werden können, was einem fachgerechten Einsatz von Schwefel zu verdanken ist. So kann Wein leicht transportiert werden, was dazu beiträgt, dass er weltweit zum Botschafter für das kulturelle Erbe, den Reichtum und die Vielfalt eines Landes wird. Das Alterungspotenzial von großen Weinen verpflichtet uns zu Vorbildlichkeit. Wie auch Rudolf Steiner betont müssen wir die Fruchtbarkeit der Böden erhalten, unsere unmittelbare Umwelt schützen und uns für den Erhalt der Landschaften einsetzen.

Wir dürfen nicht zulassen, dass bäuerliche Strukturen durch Landwirtschaft ersetzt werden. Das wäre ein großer Rückschritt. Bauern und Bäuerinnen kümmern sich auch um die nächste Umgebung. Gehöft und Ländereien werden als Einheit begriffen, als Lebenseinheit. Landwirte beschränken sich auf landwirtschaftliche Angelegenheiten und Winzer auf ihren Weinberg. Das ist nicht genug. Wie können sie vergessen, wie wichtig die Artenvielfalt für das oft fragile Gleichgewicht ihrer Umwelt, ihres Ökosystems ist? Die Sorge für die Insektenwelt, den Lebensraum aller Tiere und die Mikroorganismen im Boden ist so wichtig. Diese besondere Pflege ist eine wichtige Voraussetzung für fruchtbare Böden und einen ausgeglichenen, langlebigen Pflanzenhaushalt mit hohem Qualitätspotenzial. Gesunder Menschenverstand und der Wille, sich herrschendem Konformismus und steigender Normierung zu widersetzen, sind unabdingbar.

Die Landwirtschaft muss die Weltbevölkerung ernähren, und so steht der Druck zu einer ausreichenden Versorgung mit Nahrungsmitteln weiterhin im Zentrum des Gesellschaftsmodells der Gegenwart. Es müssen landwirtschaftliche Transformationsprozesse angestoßen werden, die Nahrungsmittelengpässe verhindern, indem alternative Ansätze wie Öko-Landbau und gentechnikfreie Nahrungsmittel weiterentwickelt und gefördert werden. Der Verbraucher soll dazu angeregt werden, Obst und Gemüse der Saison zu kaufen und den Konsum von Fleisch einzudämmen, dessen Produktion Unmengen an Wasser und Getreide verschlingt.

Wein ist kein Grundnahrungsmittel mehr. In den letzen dreißig Jahren hat er sich vom Nahrungsmittel zum Genussmittel weiterentwickelt. In den Wein produzierenden Ländern verzeichnet man einen Rückgang des Konsums, während er in anderen Regionen der Welt ansteigt. Nach weiteren zehn Jahren wird man in fast jedem Land der Welt Wein produzieren, und das ist eine Chance für die Menschheit, denn in Maßen getrunken trägt er zur Schaffung eines Bewusstseins und zur Stärkung sozialer Bindungen bei, erleichtert das Zusammenleben und kann zu mehr Spiritualität verhelfen.

Höchste Zeit aufzuhören, nach „technischer Präzision" zu streben. Es müssen neue Maßstäbe in Sachen Geschmack gesetzt werden, ohne den Respekt für die Unterschiede zu verlieren. Weltweit existieren mehr als sechstausend Rebsorten, wovon der Durchschnittskonsument maximal zehn kennt. Wir haben also noch ein Stück Weg vor uns.

Die Rebe hat das Potenzial, das Beste zu geben, wenn der Mensch folgende Reihenfolge einhält: Boden, Klima, Rebsorte. Es hat also keinen Sinn, Chardonnay und Cabernet Sauvignon, um die bekanntesten zu nennen, jeweils zu pauschalisieren. Vielmehr sollte sich jedes Land am Repertoire vorhandener traditioneller Rebsorten orientieren, die unter hiesigen Bedingungen erprobt sind und für eine gewisse Typizität stehen, denn diese Ursprünglichkeit verspricht lokalen Weinkulturen Erfolge auf lange Sicht, garantiert dem Verbraucher eine gewisse Abwechslung und damit dem Produzenten eine Wertsteigerung, die sich unabhängig vom Weltmarkt vollzieht. Dieses Vorgehen sollte unbedingt langfristig angelegt sein und auf ein geschultes Publikum abzielen, etwa die großen Weinliebhaber dieser Welt, die *Wine Lovers*.

Ich kämpfe außerdem für einen schonenderen Umgang mit dem Boden, seinen tieferen Schichten, Wasserläufen, Biotopen und Landschaften. Der Weinbau zielt nicht auf die Erzeugung von Grundnahrungsmitteln ab, seine Akteure sollten daher in Sachen Umweltschutz mit gutem Beispiel vorangehen. Das ausgezeichnete Wachstumspotenzial in diesem Bereich, die komplexe Marktbeschaffenheit und die wachsenden Qualitätsansprüche der Verbraucher sind eine Chance für unsere Branche, und diese Chance müssen wir nutzen. Die technischen Errungenschaften der letzten dreißig Jahre sind dem Weinbau zugutegekommen. Jetzt geht es darum, die Weichen für eine Zukunft zu stellen, die an ihr enormes Potenzial heranragt und mit Respekt auf unsere Vorfahren zurückblickt, die oft in aller Bescheidenheit, aber vollem Bewusstsein als stillschweigende Vermittler dienten.

Ich wage es, die aktuelle Entwicklung und ihr Kredo „besser trinken" mit hohem Authentizitätsanspruch und mehr Bewusstsein sowie Respekt für die Vergangenheit mit den jüngsten Errungenschaften der Physik zu vergleichen, insbesondere mit der Entdeckung des Higgs-Bosons. Sie vermochte die Welt der Wissenschaft wachzurütteln und auf neue Wege und Perspektiven zu verweisen. Sowohl Steiner mit der Biodynamie als auch Planck mit der Quantenphysik haben zu Beginn des 20. Jahrhunderts bahnbrechende Entwicklungen losgetreten. Hundert Jahre später und zweifellos bis in die Zukunft hinein bleiben diese visionären Genies eine wichtige Quelle der Inspiration auf dem Weg in eine neue Ära. Die Wucht ihrer Gedanken und Gefühle sowie ihre Überzeugungskraft haben mich stark geprägt. Steiner war der Erste, der sich über die „Errungenschaften" der Landwirtschaft hinwegsetzte, indem er Pottasche als Düngemittel einsetzte. Planck führte die Plancksche Konstante (h) und die Boltzmann-Konstante (k) sowie das Konzept der Quanten ein. Beide verdienen größten Respekt. Mit seinem 1929 publizierten Werk wollte Steiner die Landwirte seiner Zeit für einen ganzheitlichen Ansatz sensibilisieren. In neun Vorlesungen definierte er nicht nur die Grundlagen ihrer Arbeit, sondern auch die Gesamtheit ihrer täglichen Anwendungen. Mir ist klar geworden, dass ein unbedingter Wille und das ungenutzte Potenzial treibende Kräfte sein müssen. Mit dem Clos d'Ora wollten wir für eine neue Welt einstehen, in der Liebe, Frieden und Harmonie herrschen, und eben diese Botschaft mit unseren Anbaumethoden und unserem Lebensstil verbinden, um unser Glaubensbekenntnis bedingungslos zu verkörpern.

Die Ruine der alten Schäferei in diesem Areal wurde Stein für Stein von meinem Freund Jean-Luc Piquemal unter verständiger Beratung des Architekten Jean-Frédéric Luscher wieder aufgebaut. Über dem Gärkeller und dem Lagerkeller gelegen – und perfekt in diese beiden integriert – befindet sich ein Raum für Meditation und Kontemplation. Im zugehörigen Weinberg haben wir verschiedene Methoden ausprobiert und uns schließlich für die Arbeit mit Zugtieren entschieden. Die Verwendung von Pferden und Maultieren wirkt sich günstig auf das Gleichgewicht und die Wechselwirkungen zwischen dem Reich der Mineralien, Pflanzen, Tiere und dem des Menschen aus. Das Pferd, ein symbolträchtiges Tier, hilft während der Bodenarbeit beim präzisen Aufbrechen des Untergrunds. Im Gegensatz zur Arbeit mit dem Traktor wird hier vermieden, dass Bodenverdichtungen entstehen, sodass Mikroorganismen im Boden überleben. Die Sauerstoffzufuhr und die Durchdringung der Böden und tieferen Schichten mit astralen Kräften bleiben gewährleistet. Alles, was die Rebe auf diese Art und Weise empfängt, ist für sie sowohl Information als auch ein Zeichen der Liebe. Dieses paradoxe Verfahren ist überaus komplex und einfach zugleich. Ganz nebenbei verhilft der völlige Verzicht auf motorisierte Zugverfahren dem Anwesen zu einer verbesserten CO^2-Bilanz.

All dies verleiht unserem Wein seinen einzigartigen Charakter, der auf der Entfaltung eines außergewöhnlichen, hochgelegenen Terroirs beruht: überwiegend lehmhaltiger Boden für die Carignan- und Mourvèdre-Reben, mergelhaltig für die Grenache-Reben und kalkhaltig, wo er Syrah-Reben trägt. Das Ganze eingebettet in eine Landschaft, die einmalig ist und sich dank natürlicher Anbaumethoden mit ihrer universellen Dimension im Einklang befindet. Biodynamie, Zugtierarbeit und ein Team, das auf diesem Anwesen nach den Grundsätzen der Quantenphysik handelt und arbeitet, sind unser Geheimrezept für die Erzeugung eines göttlichen Nektars.

Jede Flasche Clos d'Ora, die in die Welt hinaus reist, trägt in sich den Geschmack der Frucht der Liebe.

14

Quantischer Wein
Im vollen Bewusstsein

Erst kürzlich habe ich die Quantenmechanik und ihre Grundsätze kennengelernt, deren Entdeckung auf Max Planck zurückgeht. Als wertvolle Einführungen in diese Disziplin und ihre Anwendung im Bereich Persönlichkeitsentwicklung dienten mir die Schriften von Étienne Klein, Sven Ortoli, Stephen Hawking und Vadim Zeland. Da ich ja kein Physiker bin und auch nicht vorhatte, zum Experten auf diesem Gebiet zu werden, suchte ich nach Möglichkeiten, mit denen ich diese neu erlangten Kenntnisse für mein berufliches Schaffen nutzen kann, um meinem Handeln einen tieferen Sinn zu geben.

Die Theorie von Schrödingers Katze, der Einfluss, den ein Beobachter auf das Beobachtete hat, die Binarität von Dingen und Lebewesen öffnen neue Horizonte, zeigen neue Wege auf und stellen Denkgewohnheiten in Frage. Neben dem Atom gibt es die Welle und die Photonen. Wir treten hier in die Welt der Schwingungen ein, die uns dazu einlädt, unser Verständnis von Makrokosmus und Mikrokosmus zu erweitern.

Alles schwingt. Jedes Organ des menschlichen Körpers besitzt eine bestimmte Frequenz. Der Mensch besteht aus fünfundsiebzig bis achtzig Prozent Wasser. Lange wurde versucht, die Arbeiten des Arztes Jacques Benveniste über das Gedächtnis von Wasser zu widerlegen und in Verruf zu bringen, bis der Medizin-Nobelpreisträger und Entdecker des AIDS-Virus Luc Montagnier auf diesem Gebiet weiterforschte und die Erkenntnisse dieses frühen Vorreiters legitimierte. Zahlreiche Versuche bestätigten die Annahme, Wasser habe ein Gedächtnis. Auch Wein besteht zu fünfundneunzig Prozent aus Wasser, also müsste auch er ein Gedächtnis haben.

Er ist ein multidimensionales Getränk. Ich habe nicht vor, das an dieser Stelle wissenschaftlich zu belegen, ich behaupte lediglich, dass er Informationen über den Geschmack der Rebsorten, ihrer Typizität und über sein Ursprungs-Terroir in sich trägt. Auch die Schwingungsfrequenz und der Bewusstseinszustand des Winzers gehen in den verschiedenen Entwicklungsphasen – von seiner Konzeption zum Zeitpunkt der Traubenlese bis zum Moment der Flaschenabfüllung – in das Produkt ein. Ich verfolge den einzigartigen Ansatz, einen Wein vor der Ernte zu erspüren, gedanklich zu visualisieren und zu konzipieren, und mich später, wenn der Moment der Lese gekommen ist, von meiner Intuition leiten zu lassen, um die richtigen Entscheidungen zu treffen. Damit das möglich ist, muss man sich mit der Natur verbinden, in völliger Harmonie mit ihr leben und so etwas wie friedliche Erfüllung empfinden. Diese Fragen rühren an die Welt des Lebendigen, des Sinnlichen und Übersinnlichen. Während ich die Rebbeeren den gesamten Monat September über verkoste, empfange ich alle wichtigen Informationen zu Reifegrad und Qualitätspotenzial.

Von dieser Geste, die ich gerne zusammen mit meinem Team ausführe, hängt das Datum der Traubenlese ab. Die Werte aus dem Labor dienen uns ausschließlich als Orientierung. Milliarden von Hefezellen wandeln den Traubenzucker während der Gärung in Alkohol um. Sie sind lebendige Wesen, deren Wirken es ermöglicht, die Eigenschaften der Rebsorte herauszuarbeiten.

Die Charakteristik eines Weins, sein Alterungspotenzial, seine Verbindung mit dem Boden und den tieferen Schichten bestärkten mich in meinem Streben nach einem neuen Weg, der die Prinzipien

Rudolf Steiners zwar respektieren sollte, über die biodynamischen Methoden jedoch hinausgeht: Ich wollte weitergehen, durch den Einfluss des Denkens und durch die Verbindung von Geist und Seele im Einklang mit dem Produkt.

Die vierte Stufe auf dem Weg der vollkommenen Entfaltung der höchsten Aspekte des Terroirs, das im Einklang mit einem Bewusstsein und einem Vibrationsfeld steht, ist die Quelle der Intention und ihre Botschaft. Der oder die „Wissende" könnte die Seele des Weins auf diese Weise erspüren. Diese Öffnung hin zu einer genaueren Entzifferung erfordert viel Verkostungserfahrung, eine Kenntnis der Umwelt und eine spirituelle Ader.

Ein Bauer ist ein denkendes Wesen. Seine Weisheit hat ihm zur Ausprägung einer gewissen Lebensphilosophie und Einsicht in die Gründe für die Existenz von Wesen und Dingen verholfen. Dadurch kann er sich auf seine Gefühle anstatt auf seinen Intellekt verlassen. Er besitzt die angeborene Fähigkeit, Geist und Seele, also Bewusstsein und Unterbewusstsein, miteinander zu verbinden, und so scharfsichtige und hellseherische Antworten auf die verschiedenen physischen, irdischen und metaphysischen Fragestellungen zu erhalten. Von ihm geht eine innere Kraft aus, ein Wissen, eine mitreisende Energie, die sich oft weniger durch Sprache als durch Tun manifestiert. Ein Leben an der frischen Luft trägt zur Ausrichtung der Existenz am Kreislauf der Gestirne bei und hilft, ihren Einfluss und insbesondere den Einfluss des Mondes zu verstehen. So richtet er sein Tun am Rhythmus der Jahreszeiten und an den klimatischen Bedingungen aus.

Steiner hat auch auf den Einfluss von Stickstoff, insbesondere dem in der Luft enthaltenen, auf die Vorstellungskraft und Meditation hingewiesen. In dieser Hinsicht scheinen sich die Quantenlehre und der Steinersche Ansatz zu ergänzen. Ein ausgeglichener Geist und die Praxis der Meditation bringen das tägliche Dasein des Menschen in ein Gleichgewicht und befreien ihn von seinen Ängsten, die Ausdruck egoistischen Begehrens sind. Tief empfundene Freude und Glück sind dem zugänglich, der eine höhere Bewusstseinsstufe erreicht ein Verständnis von den Kräften im Universum erlangt hat und eine völlige Akzeptanz der göttlichen Kräfte sowie höheren, lenkenden und harmonisierenden Ordnung beweist.

Ich glaube, der Mensch von heute sollte seinen Egoismus und Egozentrismus abschütteln, indem er sich seinen Mitmenschen und einem spirituellen Leben öffnet. In der Menschheitsgeschichte gab es Erleuchtete wie Moses, Buddha, Sokrates, Jesus und Mohammed, die uns in ihrer irdischen Inkarnation eine Botschaft und Weisheit hinterlassen haben, ein Streben nach einem Glauben, einer bestimmten Form von Vertikalität, von Transzendenz. In der Meditation oder im Gebet stützen wir uns mit Bescheidenheit auf die Lehren dieser Meister, um unsere Ängste zu lindern und die kosmischen Schwingungen des Universums zu empfangen.

Wir alle sollten nach Glück und Freude streben. Doch die Realität sieht anders aus: Der Mensch leidet bisweilen an Neurosen und Depressionen. Aus Angst, Konformismus oder einem Bedürfnis nach Sicherheit setzt er sich Grenzen. Viele neigen dazu, sich wie ein Schaf in einer Herde zu verhalten und ein Stellvertreterdasein zu führen, ohne dem eigenen Wollen zu folgen oder es überhaupt zu kennen, geschweige denn sich selbst zu kennen.

Es ist zweifellos einfacher, über die eigenen Probleme zu klagen und die Schuld bei anderen zu suchen, als sein Leben voller Überraschungen, Entdeckungen und Kreativität zu leben. Bewusstwerdung und Erwachen sind wichtige Voraussetzungen, um Mut zu fassen, einen starken Willen zu leben und sein wahres Selbst anzunehmen. Freiheit und Wandlungsfähigkeit folgen auf einen Bruch, auf ein Loslassen all jener Dinge, die uns entfremden und uns in Konformismus und falscher Sicherheit gefangen halten. In einem ersten Schritt sollte jeder es wagen, sich selbst kennenzulernen und den Schleier zu lüften, der seine wahre Natur verhüllt, seinen Geist zu befreien und in Kontakt zu treten mit dem Ich. Am

Anfang steht also die Unterscheidung zwischen den eigenen Ängsten und den tiefsten Überzeugungen – die einen sind ein Produkt der Gedanken, die anderen kommen aus der Seele. Das Bewusstsein formt mithilfe der Gedanken des Geistes die Ängste und Freuden. Im Unbewussen manifestieren sich Emotionen wie Liebe und Hass. Die Seele allein ist in der Lage, sich mit dem Feld universellen Bewusstseins zu verbinden und in Form von Intuition, Vorahnung und Vorhersage ungehindert Informationen abzurufen.

Auf dem Gut Clos d'Ora wollten wir einen Wein schaffen, der quantisch inspiriert ist, ein Wein also, der in seiner Natur einzigartig ist, mit dem Universum und seinem Ursprungsterroir in Verbindung steht und vor allem eine mehrdimensionale Botschaft des Friedens, der Liebe und der Harmonie in sich trägt.

Um die Wirksamkeit unserer Arbeit und die informationelle Qualität unserer Weine zu überprüfen, wollte ich die Grundlagen dieser Suche auf den Prüfstand stellen. Durch geschicktes Einwirken meines Freundes Georges Vieilledent lernte ich Jean-Louis Gavard kennen, ein Spezialist, der Energien und Informationsfelder mithilfe von avantgardistischen Techniken (siehe S. XVII-XXIV) untersucht, und war von der Qualität der ersten Bilder hellauf begeistert. Was man hier sieht, ist die fantastische und zugleich rührende Expression des Weins, die Verkörperung dessen, was mich im Moment der Schaffung und Inkarnation des Projekts Clos d'Ora antrieb. Was diese Fotos ausdrücken, ist die Manifestation von Lebendigkeit und strahlender Schönheit, die in einem funkelnden Lichtkreis aufblitzen. Die Ordnung der Struktur stellt sich für das Clos d'Ora reicher und präziser dar. Die Art der solaren Ausbreitung in der Struktur und auf der Oberfläche weist auf eine Dynamik, eine universelle Logik hin, die charakteristisch ist für Leben, das in vollendeter Entfaltung begriffen ist. Die Strahlkraft des Clos d'Ora sind die Quintessenz der Bemühungen in der Rebpflege und Weinerzeugung, der vielen Arbeit und Aufmerksamkeit, die sowohl einen körperlichen als auch einen emotionalen und spirituellen Charakter haben. Die Botschaft und ihr universeller Charakter, die schlichte aber unausweichliche Kraft erzeugen ein Gefühl der Rührung. Sie sind von solcher Schönheit, Zartheit, von strahlendem Licht und Transzendenz erfüllt und wecken die überaus evidente, tiefe und unfassbare Ahnung, dass man hier die Sphären des Sakralen berührt.

Ich wollte eine subtile Assemblage aus den Rebsorten Grenache, Syrah, Mouvèdre und der für den Süden Frankreichs typischen Traditionsstraube Carignan schaffen. Sie ist das Ergebnis eines Terroirs von besonderem Charakter und biodynamischen Anbaumethoden. Sie ist aus der Keimzelle eines Traums hervorgegangen. Ich möchte Geschmack und Schönheit, Terroir und Botschaft, Sinn und Information aus der universellen Matrix wieder miteinander verknüpfen. Vom unendlich Großen zum unendlich Kleinen, vom hintersten Winkel des Kosmos zum Atom und endlich auch zum Higgs-Boson – eine Reise bis zum Urknall, die uns Schöpfung und Expansion des Universums begreifen lässt, versetzt uns in den Zustand größter Demut und ermuntert die Wissenschaftler dazu, uns zum Erkennen der menschlichen Natur, ihrer Tiefe und ihres Potenzials innerhalb der Grenzen unserer Inkarnation zu verhelfen.

Wein kann dem Menschen helfen, seine Grundbedürfnisse, bestehend aus Trinken, Essen, Atmen und Bewegung, zu sublimieren, indem er das Streben nach einem komplexeren und erfüllenderen Leben und eine Hinwendung zu mehr Spiritualität befeuert. Er ist eine Form der Umwandlung, denn er trägt die Aromen der Früchte, den Geschmack des Terroirs, die Seele des Ortes und die Perfektion der Schöpfung weiter. Seit Dionysos und bis in die heutige Zeit erfreut er sich stets großer Wertschätzung.

Unabhängig von seinen intrinsischen Qualitäten, seiner sorgfältigen Vinifikation und Reifung, aber auch unabhängig von der Kunst der Assemblage und dem biodynamischen Anbau schickt uns der quantische Wein eine Welle, eine Schwingung, eine Resonanz und eine Botschaft des Friedens in Herz und Geist. Wir werden von Liebe geleitet, denn sie ist die Quelle unserer schöpferischen Kraft, der Inbegriff der Vollendung des Universums. Bei jedem Arbeitsschritt, vom Rebschnitt über die Traubenlese, den Ausbau und die Assemblage bis hin zur Flaschenabfüllung ließen wir uns in vollem Bewusstsein von diesem universellen Gefühl leiten, das uns die nötige Weisheit und Kraft verlieh und uns, getragen von harmonischen Schwingungen, die richtige Richtung wies.

Es kostete uns Mut und viel Arbeit, diesem präzisen Ziel näher zu kommen, einem Ziel, das aus einem Traum geboren wurde, den ich in einen Wunsch verwandelt habe und der zur Bestimmung wurde. Fünfzehn Jahre waren nötig, um dieses Potenzial zu verwirklichen und in diesem Ort, der für die Meditation wie geschaffen ist, die optimalen Bedingungen für den Durchbruch dieses Weines zu schaffen.

Biodynamische Anbaumethoden und die Lehre der quantischen Entwicklung haben uns dazu verholfen, dieses Produkt in vollkommener Harmonie mit der Natur zu erschaffen. Der Weinkeller mit seinen Tanks, die unter freiem Himmel stehen und damit eine Verbindung zum Außen schaffen, begünstigt die Verschmelzung kosmischer und erdgebundener Kräfte, was zu einer optimalen Gärung der Trauben beiträgt. Der Ausbau im Reifekeller erhält eine mystische Dimension und vertieft das Gefühl der Erfüllung, denn hier findet ein Austausch statt, hier entstehen Schwingungen zwischen den verschiedenen Elementen und die Tannine können langsam reifen.

Die Assemblage ist ein besonders wichtiger Schritt auf dem Weg der Gestaltung und Vollendung des Œuvres. Ihr geht der natürliche Prozess der Gärung mit Berücksichtigung der Fruchtessenz und des Jahrgangs voraus. Dieser Moment ist entscheidend, denn er bestimmt das Potenzial des Weins. Der richtige Zeitpunkt der Traubenlese, der in Übereinstimmung mit dem notwendigen Reifegrad bestimmt wird, hat dazu beigetragen, dass die Trauben einen ausgezeichneten Gesundheitszustand aufweisen, die Essenz der Rebsorten extrahiert und eine gute Reaktivität der Tannine erreicht werden konnte, womit optimale Voraussetzungen für den Ausbau und die Reife geschaffen wurden. Dafür braucht man unbedingt ein gutes Verständnis für die Witterungsverhältnisse im Spannungsfeld des Jahresklimas und die Fähigkeit, präzise analysieren und bestimmen zu können, wie die Trauben reagieren und die Reben sich entwickeln. Und natürlich braucht man den richtigen Spürsinn, der ein Eingreifen zur richtigen Zeit ermöglicht. Das ist Präzisionsarbeit.

Wenn von allen acht Parzellen eine Probe auf dem Verkostungstisch steht, beginnt ein langer Prozess, im Zuge dessen die Zeit in einen Zustand der Schwerelosigkeit gerät und der Raum sich im Einklang mit den entstehenden Schwingungen und Empfindungen bald verdichtet, bald ausdehnt. Wer einen Wein erschafft, wagt ein Abenteuer. Voraussetzung ist Askese, Verbundenheit und Eintracht zwischen den Beteiligten, die ein Ziel eint: die Schaffung eines Meisterwerks.

Was für die Kunst gilt, das gilt auch für den Wein. Gott schuf uns nach seinem Antlitz und gab uns die Freiheit, eigene Entscheidungen zu treffen, zu denken und uns zu verwirklichen – all das im Streben nach dem Höchsten und Schönsten. Glück, Freude, Liebe, Kreativität sind nicht nur wenigen vorbehalten, sondern für alle da. Nach der Verkostung aller acht Weine in klösterlicher Stille vergegenwärtigt man sich zunächst die Wichtigkeit des Moments.

Nun wird die Qualität jedes einzelnen Weins, Rebsorte für Rebsorte, bestimmt und gewichtet, um dann zu ermitteln, wie sie sich ergänzen könnten. Dazu stellt jeder Teilnehmer ein bis zwei Stunden lang eigene Versuche für eine Assemblage an, ohne Begrenzung oder Volumenbeschränkung. Daraufhin werden die Proben des Kellermeisters, des technischen Leiters und meine eigene jeweils in anonymisierte Gläser gefüllt und blind verkostet. Die ersten Einschätzungen dienen der Würdigung unserer Arbeit und der Qualität des Produkts. Nach einer zweiten Verkostung mit Notizennahme wird die Anonymität aufgehoben. Es folgt die

Betrachtung der Gemeinsamkeiten und Abweichungen, ein Vorgang, der uns auf den richtigen Weg bringen soll. Dieses äußerst gründliche Vorgehen lässt kein Element, kein Detail außer Acht: Mikroskopisch kleinste Mengen reichen aus, um den Charakter einer Assemblage zu verändern. Wir bewegen uns hier im Reich des Subtilen. Es ist wichtig, eine Verbindung zwischen Geist und Seele zu schaffen, um sein Bauchgefühl zu bestätigen. Was uns antreibt, ist der Wille zur Exzellenz. Diese Aufgabe entbehrt jeder Ich-gesteuerten Dimension, alles ist unbedingter Wille, das Beste von sich zu geben, um jedem Wein seine Essenz zu entlocken und vor allem das Potenzial des Terroirs mit der Energie des Ortes in Einklang zu bringen.

Der erste Jahrgang eines Weins ist immer der schwierigste. Natürlich möchte man den bestmöglichen Wein schaffen. Doch wir haben auch die Verantwortung, seinen individuellen Charakter zu offenbaren, der ihm Jahrgang für Jahrgang erhalten bleibt. Nach drei bis vier Stunden Verkostung schließen wir die erste Assemblage ab. Zum Abschluss verkosten wir die Frucht unserer Arbeit, die nicht auf einem Kompromiss beruhen darf, sondern auf Einstimmigkeit. Zum Mittagessen probieren wir den Wein, um ihn auf die richtigen Speisen einzustimmen und günstige Kombinationen zu ermitteln. Nicht die Verkostung ist die Bestimmung des Rotweins, sondern sein Genuss – in fünf Jahren, zehn Jahren, zwanzig Jahren oder mehr: Was liegt näher, als ihn zum Essen zu trinken? Es kommt sehr selten vor, dass die erste Probe zur vollkommenen Einigung, zu völliger Harmonie des Ganzen führt. Und so ist eine zweite, dritte oder manchmal auch vierte Verkostung nötig, um ein ausgeglichenes Verhältnis aller Anteile zu finden. Dabei folgen wir dem Mondkalender und erwägen die Einflüsse der Planeten auf das Verhalten jeder einzelnen Rebsorte.

Sobald es uns gelungen ist, das Gerüst des Weins, seinen Ausdruck und seinen Charakter zu definieren, müssen wir nur noch die präzise Menge der Anteile bestimmen, indem wir auf eine Form der

Offenbarung hoffen. Dieser Zustand lässt sich nicht mathematisch kalkulieren. Hier führen Eingebung und Inspiration zum Zustand vollendeter Harmonie. Mit zahlreichen Stunden Arbeit, Methodik und vor allem dank einer inneren Suche erreichen wir das Ziel und schaffen den Wein, den wir so innig ersehnt haben. Dieser Wein wird mindestens zwölf Monate in französischen Eichenfässern reifen, die aus dem Holz der besten Hochwälder gefertigt wurden. Am Ende dieser Reifezeit wird jedes Fass einzeln verkostet. Die komplexe Wechselwirkung zwischen den Tanninen im Wein und denen, die im Eichenholz enthalten sind, bestimmen die Magie des Fassausbaus, und jedes Fass hat seine individuelle Persönlichkeit, zeigt geradeso wahrnehmbare Unterschiede. Wenn die Arbeit gut gemacht wurde, übertrifft die Qualität des Ganzen als Summe seiner Teile die einzelnen Elemente, und eine Assemblage aus den Fässern lässt einen Wein entstehen, der komplexer und eleganter ist als seine einzelnen Komponenten. Es folgt nun eine Reifezeit von einigen Wochen im Gärtank, bis die optimalen atmosphärischen Bedingungen für die Flaschenabfüllung erreicht sind. Diese darf ausschließlich an einem nach dem Mondkalender bestimmten Fruchttag erfolgen. Manchmal wird eine leichte Klärung mithilfe von biologischem Eiweiß notwendig, um die Textur des Weins zu verfeinern. Hier gibt es keine Systematik, jeder Jahrgang trägt seine eigene Wahrheit in sich. Schließlich lassen wir den Wein noch einige Monate in der Flasche reifen, bevor wir ihn unseren Kunden anbieten.

Jeder Jahrgang hat sein eigenes Alterungspotenzial, der Clos d'Ora lässt jedoch eine lange Reifezeit zu. Die Assemblage dieses Weins ist die Summe unbegrenzter Möglichkeiten und vereint das organoleptische Urteil, die Botschaft von Frieden, Liebe und Harmonie mit der Offenbarung eines Ausnahme-Terroirs. Dieser Wein ist die Frucht einer Initiationsreise, er wurde durch die Gnade Gottes mit einem Gefühl der Freiheit und mit dem Segen Gottes erahnt, erdacht, erspürt und geschaffen.

15

Das Hohelied
Für eine bessere Welt

Das *Hohelied* (Le Cantique des Cantiques) des Alten Testaments ist eine Ode an die Liebe. Es enthält eine sinnliche, fleischliche Dimension, die Frau und Mann verbindet. In meinen Augen ist dieser Text ein Symbol der Inkarnation des Menschen mit seiner transzendentalen Dimension, seinem tief verankerten Bedürfnis nach Liebe in all ihren Formen, sei es die fleischliche Liebe, die Liebe der Berührung oder die spirituelle Liebe, aber auch die Liebe zur Natur, und ein Lobgesang auf die Früchte der Reben. Diese Dynamik ist absolut notwendig für die Entwicklung der individuellen Persönlichkeit und die Beziehung zum Anderen. Es ist spannend, eine Analogie herzustellen zwischen einem Kuss und dem Genuss eines Weins.

Der Wein ist ein heiliges Gebräu. Die Trauben werden nach der Umwandlung zu einem göttlichen Erzeugnis. Wenn die Schöpfung vollkommen ist, hieße das doch, dass Gott omnipräsent ist – ungeachtet der Glaubensrichtungen und Religionen. Das Universum ist unendlich und dank der vielen wissenschaftlichen Fortschritte lernen wir die Welt in uns drin und die Welt, die uns umgibt, immer besser kennen und machen faszinierende Entdeckungen. Die Forschungsprojekte von Menschen wie Leonardo da Vinci, Kopernikus, Galileo, Freud, Einstein und Planck haben zudem wichtige Antworten auf die wesentlichen Fragen unserer Evolution und unseres Verhaltens gefunden.

Mit der Entdeckung der Quantenphysik hat etwa Planck zu einem erweiterten Verständnis des großen Ganzen, des Universums und jedem einzelnen seiner Teile beigetragen. Sven Ortoli und Jean-Pierre Pharabod beschäftigen sich in ihrem Werk *Le Cantique des quantiques* mit der Frage, welche Rolle wir im Universum spielen. „Das, was die Zeitlichkeit der Zeit ausmacht," so Étienne Klein, „ist die Tatsache, dass sie vergeht. Und das unterscheidet sie vom Raum. Die Zukunft wird zur Gegenwart und zur Vergangenheit. Dieses Aufeinanderfolgen ist es, was wir Zeit nennen." Ich hatte immer das Gefühl, mit einem ausgewogenen Wein, einer Einheit aus Terroir und Rebsorten, ein neues Verständnis von Zeit zu schaffen. Diese Definition beruht auf einer Alchemie, die eng verbunden ist mit dem Jahrgang und damit seinem einzigartigen Charakter, aber auch mit seinem zukünftigen Potenzial, von dem wir nur einen Bruchteil kennenlernen können.

Wir alle tragen dazu bei, dass eine neue Welt entsteht, dafür sorgen die neuen Erkenntnisse und das Aufkommen des Internets. Wir erleben eine exponentielle Verbreitung von Informationen in all ihren Formen. Unser gesamtes weltliches Bezugssystem wird gesprengt. Die Physiker sagen, das Universum befinde sich seit dem Urknall in ständiger Expansion. Diese Vorstellung ist faszinierend und beunruhigend zugleich, denn nicht die richtigen Antworten auf unsere Fragen zu finden oder nicht die notwendige Vorstellungskraft zu haben, macht uns Angst. Welch Glück wir haben, in einer so einzigartigen Zeit wie dieser zu leben! Wir schreiben ein neues Kapitel der Menschheit. Manche nennen das eine temporäre Öffnung oder das Ende von einem Zyklus und der Beginn eines neuen. Allerdings müssen wir in dem aktuellen Strudel auf eine gute Erziehung unserer Kinder und der kommenden Generationen achten, damit sie nie vergessen, was wirklich wichtig ist. Der Mensch darf auf keinen Fall das Bewusstsein verlieren für seine Inkarnation, seinen Zugang zur Transzendenz und seine Trinität: Körper, Geist und Seele.

Es war mir ein Anliegen, mit Bescheidenheit auf die Beziehung zwischen den heiligen Schriften der Bibel und der Welt der Quanten hinzuweisen, denn ich glaube, der Wein ist eine leitfähige Flüssigkeit, der eine Ladung Gefühle und Informationen überträgt und die Menschen so ganz natürlich eint. Sicher hat er nicht die gleiche Ernährungsfunktion wie die lebenswichtigen Grundnahrungsmittel Weizen, Reis oder Wasser. Er geht sogar noch weiter. In Maßen genossener Wein lässt eine Flamme in uns auflodern und erzeugt Großzügigkeit, Gemeinsamkeit, Austausch, Toleranz und andere für das Zusammenleben wichtige Elemente. In der jüdischen und christlichen Tradition gilt er als höheres und revolutionäres Gut.

Alle unsere großen Weine sind aus diesem Spannungsfeld hervorgegangen. Wir müssen uns nur die Vollkommenheit der Schöpfung bewusst machen und die Angst aus unseren Herzen verbannen, es dann mit universeller Liebe nähren, um unser Leben und das unserer Lieben einer besseren Welt, einer Welt der tausend Möglichkeiten zu öffnen.

Manche mögen nur die utopische Dimension darin sehen oder das Ganze gar als extravagant abtun. Ich wollte immer ein freier Mensch sein, der seinem Leben jeden Tag einen Sinn geben kann, so wenig Zwängen wie möglich unterliegt und größtmögliches Glück empfindet. Das ist ein langer, spiritueller Weg und ich habe begonnen, ihn zu gehen. Dennoch erkenne ich so etwas wie einen Hoffnungsschimmer in dieser Welt im Wandel, die viel mehr Chancen für die Menschen birgt als kaum eine andere Zeit zuvor. Es ist wichtig, optimistisch zu bleiben und ein Bewusstsein für diese Veränderungen zu entwickeln, offen zu sein für eine bessere Zukunft. Wenn wir uns in Frieden, Liebe und Harmonie die Hand reichen, können wir ein glückliches Leben führen, in dem Großmut und Glück unsere neuen Orientierungspunkte sind.

II
DIE WEINGÜTER

16

Domaine de Villemajou
Wissen weitergeben

Nichts ist so wertvoll wie etwas weiterzugeben. Egal, ob es um die Weitergabe von Wissen oder Charakter geht, es gibt kein schöneres Geschenk, das Eltern ihren Kindern machen können. Arbeit, Geduld, Liebe – der Rest geht daraus hervor.

„Was für ein Glück für dich, dass du deine erste Weinlese im Alter von zehn Jahren erlebst!" sagte mein Vater zu mir und fügte etwas verträumt hinzu: „Weißt du überhaupt, was das bedeutet? Ich musste warten, bis ich 25 Jahre alt war, bis ich in die Produktion durfte." Nein, ich wusste nicht, was das bedeutet. Alles, was ich wusste war, dass man zu arbeiten hatte. Und zwar hart. In den beiden Sommermonaten arbeite ich von 5 Uhr morgens bis 13 Uhr auf den 60 Hektar großen Ländereien in Familienbesitz. Hart war das schon, ja, aber all die Erinnerungen!

Ich bin glücklich, denn ich fühle mich frei, wenn ich mit meiner Schwester Guylaine den ganzen Tag im Weinberg bin, die Sonne aufgehen sehe und täglich mehrere Kilometer zurücklege, um bei der gemeinschaftlichen, herzlichen und familiären Arbeit mitzuwirken. Für das Kind, das ich noch bin, ist mein Vater der unangefochtene Chef, während meine Mutter Geneviève, die das Team leitet, alle Zügel in der Hand hat. Sie ist die *Mousseigne*, was in der Sprache des Languedoc so viel heißt wie Ernteleiterin: Sie bringt die Trauben am schnellsten ein und gibt während der Lese das Tempo vor.

Am Abend trifft sich die Familie bei meiner Großmutter Paule. Neun Kinder hat sie mit ihrem 40 Kilo schweren Willen und ununterbrochener Arbeit allein großgezogen. Ihr Mann, der zweieinhalb Hektar Reben besaß, war 1948 gestorben. Sie war eine echte Matriarchin, die am 1. Januar 1900 zur Welt kam und das Jahrhundert mit mutiger Wachsamkeit durchquerte und viel Liebe zu geben hatte. Sie war das Fundament der Familie. Ihre Kinder, von denen sieben im Dorf wohnen, ihre Ehemänner und die vierzig Enkelkinder ergeben zusammen einen richtigen Stamm. Einige Jahre später, als sie nicht mehr unter uns weilt, spreche ich sie heilig, indem ich ihr mit dem Domaine Sainte-Paule einen Wein widme.

Wenn die Zeit der Weinlese gekommen war, fügte ich mich der Entscheidung meines Vaters, der mich drei Wochen in den Cave de Villemajou schickte, wo ich den neuen Jahrgang vinifizieren sollte, und zwar ohne Rücksicht auf den Stundenplan der Schule oder Rugbyturniere. Zweimal pro Woche abends zum Sonnenuntergang trainiert er mich. Dann laufen wir über die Straßen der Corbières, die allein vom Licht des Mondes erhellt werden. Oft kehre ich nach einem Tag voller Arbeit im Laufschritt nach Hause zurück. Samstags verlasse ich den Gärkeller nach dem Mittagessen, um mit meinem Team in Narbonne Turniere zu bestreiten. Direkt nach dem Abpfiff fahre ich per Anhalter zurück und lasse mich am Weingut absetzen, um meine Arbeit zu Ende zu bringen.

Ich bin für die Pressung der Trauben verantwortlich und überwache die Umsetzung, die sich von Rebsorte zu Rebsorte unterscheidet. Die Produktionsanlagen sind ziemlich rudimentär und die Zyklen werden manuell gesteuert, was mir das Gefühl gibt, eine wichtige Funktion zu erfüllen. Ich nehme diese Verantwortung sehr ernst und bin insgeheim überaus stolz, dass mein Vater mir diese Aufgabe anvertraut. Für die letzte Umwälzung muss ich manchmal sogar um 22 Uhr abends in den Keller fahren. Ich bin 16 Jahre alt und habe damit begonnen, ohne Führerschein auf den kleinen Straßen zu herumzufahren, wo man zu dieser fortgeschrittenen Stunde allein Kaninchen und Wildschweinen begegnet. Ich als freiheitsliebender und rebellischer Nonkonformist mache ich mich zu Sonnenuntergang auf, „meine Runde" zu drehen, dabei pflege ich, das Fenster herunterzukurbeln und meine Nase in den frischen Wind zu halten. Das ist meine Art, mich lebendig zu fühlen und Grenzen auszutesten, was damals streng verboten war. Eines Abends lande ich aus purem Leichtsinn im Straßengraben. Nachdem ich das Auto ordnungsgemäß auf die Straße zurückgestellt habe, mache ich den Fehler, mit platten Reifen und dann auf der Felge zurückzufahren. Als ich zuhause ankomme, geht das Auto in Flammen auf. Ich bekomme Panik und hole meinen Onkel zu Hilfe. Doch es ist zu spät: Das Auto ist völlig verbrannt. An dem Abend gehe ich allein ins Bett, denn meine Eltern sind auswärts essen. Am nächsten Morgen und auch die folgenden Tage sagt mein Vater nichts. Vielleicht fühlt er sich schuldig, weil er mir erlaubt hat, mit dem alten 4L zu fahren. Viel wahrscheinlicher aber denkt er sich, dass ich meine Lektion fürs Leben gelernt hab und es nichts nützt, noch einen draufzusetzen.

In den Pausen zwischen 13 und 14 Uhr nutze ich die Gelegenheit, um in den Weinberg zu gehen, von den Trauben zu kosten und ihre Reife zu prüfen. Ich bin fasziniert von den gewundenen Rebstöcken der Carignan und Grenache. Bei diesen Trauben reicht ein Mundvoll, um ihre Besonderheit zu spüren, die zweifellos auf den Einfluss ihres Terroirs zurückgeführt werden kann. Die Schale ist fest, das Fruchtfleisch dicht und die Textur ausgewogener. An manchen Abenden, wenn es Zeit ist, nach Hause zurückzukehren, verspüre ich den Drang, dem kleinen Wasserlauf zu folgen, der das Anwesen flankiert, und auf den Seitenwegen bis ins Dorf zu laufen. Ich habe keine Lust, von Autos überholt zu werden, sondern will den Mond betrachten, der sich gerade für seinen abendlichen Aufstieg bereit macht. Wenn Wolken in den Reigen einsetzen, zeigt sich der Himmel von seiner mystischen Seite, sodass sich der Puls beschleunigt und man sich bisweilen einbildet, die Anwesenheit eines bösen Geists oder bedrohlichen Schattens zu spüren.

Der Weinberg von Villemajou birgt die Erinnerungen meiner Kindheit und Jugend. Heute verstehe ich die zärtlichen Gefühle eines Winzers für seinen Weinberg. Mit ihrer Lage in der Gemeinde Boutenac bilden unsere Rebflächen das Herz der Appellation d'origine Corbières. Ihre wichtigsten Eigenschaften rühren von seinen homogenen Böden, die ihren Ursprung im Quartär haben und auf Kalkgeröll aus dem Miozän ruhen. Die Kieselsteine geben die am Tag gespeicherte Wärme wieder ab. Die umliegende Landschaft ist von sanft abfallenden Hügeln und Pinienwälder geprägt. Mit viel Zuwendung und Respekt versuchten wir, die alten traditionellen Rebsorten zu bewahren. Um komplexere Weine zu erhalten, hatte mein Vater in den achtziger Jahren Syrah und Mourvèdre gepflanzt.

Kurz nach der Jahrtausendwende stelle ich beim Nationalen Institut für Ursprungsbezeichnungen (INAO – l'Institut national des appellations d'origine) einen Antrag auf die Anerkennung des Boutanec als Weinbaugebiet. Nach vier Jahren Arbeit und Hin und Her empfangen wir 2005 die Untersuchungskommission, die den besonderen Charakter des Terroirs und die Qualität unserer Weine bestätigt.

Villemajou ist das Urmeter, das Barometer unserer Weine. Er ist anders als die Anderen, seine Kraft und Ursprünglichkeit zieht er aus dieser Alchemie aus einem besonderen Boden, trockenem Klima und Rebsorten aus dem Süden. Der erste Jahrgang wurde 1973 abgefüllt. Sein goldenes Etikett wurde von den Experten oft bemängelt. Wie oft habe ich mir anhören müssen: „Du solltest es verändern, modernisieren!" Heute, vierzig Jahre später ist es einem Wahrzeichen mit hohem Wiedererkennungswert geworden. Die Domaine de Villemajou gehört heute zu den Klassikern, ihre Weine sind zeitlos. Ich bin stolz, diese Tradition fortzusetzen und diese außergewöhnliche Geschichte weiterzuschreiben, sodass das Werk meines Vaters durch mein Wirken fortleben kann. Deswegen liebe ich diesen Wein wie ein Geschenk des Schicksals. Ein verbindendes Element zwischen Vergangenheit, Gegenwart und Zukunft.

17

Domaine de Cigalus

Auf dieser Erde leben und sie respektieren

Auf dieser Erde leben und sie respektieren ist das Mindeste, was wir tun können. Die Qualität des Lebens hängt von ihr ab, sie ist mein Leitstern, meine Suche.

April 1995, ein Freitagnachmittag. Die Beschreibungen des Immobilienmaklers erweisen sich als treffend und so stehe ich nach einem kurzen Umweg vor einem großen Gebäude, das lange Zeit nicht gepflegt wurde. Auch die anderen Gebäude sind in miserablem Zustand. Die vielen Hektar Rebfläche, die das Tal entlang des Massivs flankieren, das ich so gut kenne, sehen ein wenig vernachlässigt aus. In der Ferne erkenne ich das mittelalterliche Schloss Saint-Martin-de-Tocques, das an seinem höchsten Punkt sechzig Meter hoch ist. Vor fünf Jahren wurde es von einer Privatperson gekauft und wird gerade renoviert. Normalerweise sehe ich es aus einem anderen Blickwinkel, denn es liegt genau im Nordosten meines Heimatdorfes Saint-André-de-Roquelongue. Das Anwesen, das ich gerade besichtige, liegt nur einen Steinwurf von meiner Geburtsgemeinde entfernt... fünf Kilometer, um genau zu sein!

Während ich durch den Weinberg laufe, strömen wie selbstverständlich vertraute Eindrücke auf mich ein: Das Klima, das hier trockener ist als in Meeresnähe, die innige Beziehung zu einer Erde, die vom Wind und der Sonne gegerbt ist und die Nähe zur Abbaye de Fontfroide und ihrer großen Schwester Notre-Dame-de-Gaussan, die so eng beieinanderstehen und mich auf meine spirituellen Werte und Liebe zur Geschichte besinnen lassen.

Ich gehe von einem Zimmer des Hauses zum anderen. Ich besichtige den Keller. Ich kontempliere die Landschaft und lasse mich von der Gelassenheit des Weinbergs einlullen. Trotz ihres Zustands verfalle ich sofort dem Charme dieser alten Gemäuer. Ich könnte mich in weniger als einer Minute verlieben. Und nicht viel länger würde ich brauchen, um mir die Familie vorzustellen, die ich noch nicht habe, aber so gerne mit Ingrid gründen würde – damals waren wir gerade verlobt. Montagmorgen in aller Frühe melde ich mein Kaufinteresse für das Anwesen an. Das ist der Beginn großer Veränderungen an diesem Ort und vor allem in meinem Leben. Nach einem Jahr Renovierungsarbeiten ziehen meine Frau und ich endlich ein, 1998 kommt die kleine Emma dazu. Ihr Bruder, Mathias, wird 2000 geboren. Domaine Cigalus wird zur Wiege meiner neuen Familie. Und plötzlich packt mich die Lust, in diesem Terroir, das mich so stimuliert, einen Wein zu schaffen, der anders ist. Zumal ich gerade eine neue Methode zur Kultur des Bodens und der Rebsorten entdeckt hatte, die ohne Pflanzenschutzmittel auskam: Die Biodynamie, eine Methode im Einklang mit der Natur.

Fast täglich erlebte ich, welche Wunder die Mittel, die mir mein Homöopath in unendlich geringen Dosen verschrieb, bewirkten. Mit seiner überaus präzisen Behandlung, die mein Immunsystem stärken, hat er mein Leben verändert. Ich verstand, dass jeder Mensch einzigartig ist, genauso wie jedes Terroir einzig in seiner Art ist. Ich erinnere mich nicht an den genauen Zeitpunkt, an dem sich die Überzeugung, die ich von meinem Körper hatte, auf dieses Land übertragen hat. Ich glaube, dass es mit der Geburt meiner Kinder zu tun hat. Mein Bewusstsein für die Umwelt schien immer stärker zu werden, und ich wollte, dass meine Kleinen an einem Ort aufwachsen, der ihnen ähnlich ist. Vielleicht, weil ich meine eigene Kindheit in einer natürlichen Umgebung verbracht habe? Oder weil mir die rasant zunehmende Anwendung von Pflanzenschutzmitteln und die steigende Anzahl chemisch modifizierter Nahrungsmittel nicht zusagen, wenn nicht gar beunruhigen? Diese Neigung dazu, ein Zuviel an Mittel und Energie einzusetzen, wo mit weniger Einsatz ebenso tadellose Ergebnisse erzielt werden könnten... Was das betrifft, befindet sich die Homöopathie in perfektem Einklang mit meinem Lebensstil und meiner Philosophie.

Es existiert eine Homöopathie für die Erde: die Biodynamie. Ich musste nur die Grenzen meines Körpers überwinden, um die Grenzen meiner Umwelt zu umspannen. Schließlich geht es ja darum, der Erde das zu geben, was sie braucht und dann, wenn sie es braucht. Kurz nach dem Erwerb der Domaine de Cigalus beschließe ich, die alten Rebstöcke der Sorten Merlot, Cabernet Sauvignon, Cabernet Franc, Caladoc, Syrah, Carignan, Mourvèdre und Grenache zu erhalten und die brachliegenden Flächen mit den weißen Sorten Chardonnay, Sauvignon und Viognier zu bepflanzen, womit ich einen ganz untypischen Wein schaffen wollte. Und wirklich, einige Jahre später erwies sich die Ehe der drei weißen Sorten als glückliche und vielversprechende Verbindung. Dank unserer neuen Anbaumethode werden wir in Cigalus sehr bald ausgesprochene Ausnahmeweine erzeugen.

Der biodynamische Anbau schafft frische und ausgewogene Weißweine, ausgestattet mit leichten und subtilen Blumennoten und einer starken Mineralität. Die Rotweine entwickeln sich zu komplexen, eleganten und runden Weinen. Der Boden wird lockerer und leichter zu bearbeiten. Die großen und kleinen Tiere kehren zurück, und auch die Gräser, wovon heute sieben verschiedene Arten in unserem Weinberg nebeneinander bestehen, ohne den Reben zu schaden.

In Cigalus halten wir Fürbitte mit der Erde, hier finden wir neue Kraft.

18

Château Laville-Bertrou
Die Weisheit vom Genuss eines Weins

Zu wissen, wie man einen Wein genießt, ist wie das Leben zu schätzen zu wissen. Es ist eine Kunst, die uns zur Verwirklichung unseres Wunschbildes bewegt, uns lehrt, nach der Verwirklichung eines Ideals zu streben.

Wenn ich durch den Weinberg streife, verbinde ich mich mit dem Terroir. Dann berühre und spüre ich den Boden. Das ist eine hervorragende Möglichkeit, an das Salz der Erde zu rühren. Das Gestein – Kalk, Schiefer oder Lehm –, die Trockenheit, der Morgentau, oder auch der Wind, der feucht ist, wenn er vom Meer, und trocken, wenn er aus dem Landesinneren kommt. Da sind die Rebstöcke, ihre Ranken und das, was in ihrem Umkreis wächst: Thymian, Rosmarin, Ginster, Brombeersträucher und Zistrose, und nicht zu vergessen die Pinien, Eichen, der Lorbeerbaum und viele andere Essenzen. Als Ensemble aus diesen Elementen, die nie zu gleichen Teilen und immer in anderer Kombination vorhanden sind, enthüllt das Terroir seinen unverwechselbaren Geschmack. Dann ist da noch der Ort selbst, die Landschaft mit ihren vor langer Zeit bepflanzten Steilhängen, bald sanft, bald steil abfallenden Parzellen südlich und östlich des Dorfes, und die Kirche mit ihren Glocken, ein Zeichen der Zeit und für das Zusammenkommen. Eine außergewöhnliche Kirche, denn sie überragt das Dorf, das die Form einer Circulade, eines Runddorfs, hat und das Schloss Château Laville, das unserem Wein seinen Namen verlieh.

Die Winzer von la Livinière, die sich auf Initiative von Maurice Piccinini in den neunziger Jahren zusammengeschlossen haben, beweisen außerordentliches Talent für die Würdigung ihres Kulturguts. Große Dankbarkeit hege ich auch für die Familie Bertrou, insbesondere Nicole und Jean, die meine Freunde geworden sind. Im Jahr 1997 baten sie mich um Rat, später wurde ich mit ihrer Erlaubnis Schritt für Schritt zum Anteilseigner ihrer Ländereien. Da ihre Aufmerksamkeit an anderer Stelle gefragt war, wollten sie nur einen symbolischen Anteil behalten, aus Liebe für das Andenken an ihren Vater. Mir gefällt der Gedanke, dass dieses Anwesen noch immer unter der Flagge dieser Familie segelt, und Paul Bertrou, dem Patriarchen, seine Ehre erweist.

Schließlich das Dorf, das kreisförmig erbaut wurde, wie eine Schnecke, deren Haus das Château Laville-Bertrou einkreist. Es bewacht seine äußeren Siedlungen, die von Häusern mit Trockenmauern, den berühmten Pierre Sèche des Minervois, und verschlungenen Straßen eingefasst werden, die in Pfade münden und hoch zum kleinen Kalkplateau führen, und noch weiter, in Richtung Montagne Noire. Dieses „schwarze" Gebirgsmassiv hat die Schutzhoheit über das Dorf und seine Hänge, sein gewaltiger Schatten thront über der Landschaft und verleiht ihr so ihre Größe, indem es sie mit kühlen Nächten, ja einem einzigartigen Klima belohnt.

Diese Frische, die man förmlich mit den Händen greifen kann, wirkt sich günstig auf das Wachstum des Weinlaubs aus. Carignan, Grenache, Syrah und Mourvèdre teilen sich die Gunst dieser Erde in den verschiedenen Hang- und Terrassenlagen. Sie werden getrennt gelesen, in getrennte Tanks gefüllt und getrennt vinifiziert, wie wertvolle Steine, die zu einem einzigen, reinen Edelstein verschmelzen. Dieses Wissen ist die Frucht dessen, was ich in diesem Terroir gelebt, gespürt, geliebt und erträumt habe. La Livinière, das ist das

Königreich des Syrah, denn die kühlen Nächte verleihen ihm seine überaus fruchtigen und würzigen Aromen. Wenn man ihn ganz sparsam mit den Rebsorten Grenache, Mourvèdre und, wenn auch nur in den heißen Sommern, mit der Carignan assembliert, erhält man einen kräftigen Wein mit Charakter. Auf meinen Spaziergängen auf dem Kalkplateau über dem Dorf werde ich oft von Emotionen überwältigt.

„Le vin, c'est la nature élevée à la dignité de sacrement" („Wein ist die zur Würde eines Sakraments erhöhte Natur"), schrieb Paul Claudel. Das ist genau, was ich gerade fühle. Zwischen Stofflichkeit und Essenz liegt nicht nur dieser lange Weg, den wir alle zusammen gegangen sind, sondern auch die Poesie der Weine des Château Laville-Bertrou.

19

Château L'Hospitalet
Lebenskunst teilen

Ohne Austausch kein Leben. Je mehr Strahlkraft man seiner eigenen Existenz verleiht, umso stärker können auch andere davon zehren.

Jacques Ribourel, berühmter Förderer und Inhaber des Anwesens L'Hospitalet wirft mir einen Blick zu. An diesem prächtigen Februartag im Jahr 2002 sitzen wir einander gegenüber und taxieren uns wie zwei Rugbyspieler, die gleich aufeinander losgehen. Und doch habe ich das Gefühl, dass ihn meine Überraschung amüsiert. Im Grunde schlägt er mir gerade vor, L'Hospitalet zu kaufen und gibt zu, dass es Zeit für ihn wird, sich anderen Dingen zu widmen. „Sie sind jung, unternehmungslustig und ein Kind dieser Erde: Sie werden es verstehen, weiterzuführen was ich geschaffen habe, es glänzen lassen und mein Werk womöglich übertreffen. Außerdem sind Sie hier der Weinbauer, nicht ich." Wenn man ihn so reden hört, könnte man meinen, ich hätte es bereits gekauft und die Angelegenheit wäre geklärt. Und doch sind wir weit davon entfernt.

Wenige Stunden vorher sitze ich nichts ahnend mit meiner Familie beim Mittagessen – nichts scheint darauf hinzuweisen, dass ein Mann, den ich nur vom Hörensagen kannte, mich mit einem Anruf von einem Moment zum anderen in so eine seltsame Lage bringen wird. Etwa fünfzehn Kilometer von Narbonne entfernt, im Herzen des Parc naturel régional de la Narbonnaise, im Landschaftsschutzgebiet des

Massif de la Clape stehen Baukörper, von denen manche aus dem 16. Jahrhundert stammen. Ringsum, tausend Hektar Land, sechzig davon Rebfläche. Gleich hinter dem Hügel, der den Weinberg überragt, das Meer. Ein zauberhafter Anblick. Welches Kind der Gegend kennt nicht das Château L'Hospitalet und seine jüngste Geschichte: Erwerb 1991 durch einen Mann, der hier unter anderem ein Zentrum für hochkarätigen Weintourismus schaffen wird?

Nach diesem mysteriösen Anruf hallt mein Kopf von tausend Fragen wieder, während ich die schöne Straße entlangfahre, die sich zwischen Narbonne und dem Anwesen durch die Landschaft schlängelt und von Pinienbäumen, Heidelandschaft, Wein und kalkhaltigen Felsen flankiert wird. Ich erreiche die Abzweigung, wo eine kleine Straße zum Eingang des Anwesens führt. Der Weg schlängelt sich durch die Reben. Ich erkenne mir vertraute Rebsorten wie die Syrah oder die Mourvèdre. Ich parke das Auto und betrete den ersten Hof und passiere eine „Miellerie", ein Geschäft für regionale Produkte sowie ein Museum für einheimische Flora und Fauna. Ich gehe durch ein offenes Tor und stehe im großen Innenhof, der links von verschiedenen Gebäuden flankiert wird, die eine Galerie und eine Glaserei beherbergen. Zur Rechten zwei Restaurants und vor mir ein architektonisches Gebilde, das vor einigen Jahren als Hotel entstand. Was für ein Komplex! Ich bin beeindruckt. Wie jeder, den es auf das Anwesen verschlägt, erliege ich sofort dem Zauber einer zugleich verspielten und herzlichen Atmosphäre.

Ich war kürzlich schon einmal hier. Ich hatte Lust zu sehen, was rund um Wein noch möglich ist. Das wird Sie überraschen, aber vor fünfundzwanzig Jahrhunderten war diese Landzunge am Meer, auf der L'Hospitalet etwas eingerückt errichtet wurde, eine... phönizische Insel. Überdies gilt dieser Ort in Frankreich als „Wiege des Weinbaus", denn hier wird seit Menschengedenken Wein angebaut. Ich frage mich, wie diese Rebstöcke, die in Schieflage gepflanzt wurden, aussahen. Diese Anbaumethode wurde bei uns im 17. Jahrhundert ja von Pflanzungen in geraden Reihen abgelöst. Wie dem auch sei, im 13. Jahrhundert war dieses Anwesen im Besitz der Narbonner Hospiz-Einrichtung und im 16. Jahrhundert gehörte es zum Krankenhaus Hôpital de Saint-Just. Der Weinbau blieb erhalten, wenn auch im Hintergrund... Die Vorstellung, dass dieser Ort eine Wandlung erfahren hat und zuletzt ein Ort der Genesung und Gesundheit war, gefällt mir sehr. Eine ältere Frau reißt mich aus meinen Gedanken und lädt mich zu Monsieur Ribourel ins Restaurant ein.

Von meinem Tisch aus lasse ich die Augen über den Hof schweifen und was ich sehe, hinterlässt einen weiteren starken Eindruck. Der Wein steht im Mittelpunkt: die Reben, die Reifekeller und Gärkeller, die Verkostung, der Flaschenverkauf und das sensorische Universum des Weins. Aussehen, Geruch und Geschmack: Diesem Ort scheint es an nichts zu fehlen, bis hin zur Gastfreundschaft – mit den Hotels und Restaurants. Wirklich nicht? Was ich hier nicht gehört habe, ist Musik. Wie schade.

An diesem magischen Ort atmet man das Art de Vivre und die süße Leichtigkeit des Mittelmeers. Als ich an meinen Besuch in den Lagerkellern denke, bekomme ich Gänsehaut. Nicht von der Erinnerung an die Kühle an diesem eindrucksvollen Ort, sondern weil ich an das Gefühl denke, das mich in diesem riesigen Barrique-Keller mit seiner sakralen Atmosphäre überkam. An manchen Wänden sickert das Wasser einer verborgenen Quelle herunter. Ja, L'Hospitalet hat auch ein Geheimnis, und die Erinnerungen an dieses Erlebnis bringt mich zurück zu meinem Vater, und ich höre ihn sagen: „Der Wein ist die Quintessenz des Art de Vivre", der Kunst zu leben, sagte er oft. Als Kind habe ich diesen Satz nicht verstanden. Heute erst wird mir sein Sinn deutlich. Noch dazu heißt dieser Ort *L'Hospitalet*. Im Languedoc gilt der Wein als Zeichen für Gastfreundschaft, *hospitalité* – die größte Tugend des Art de Vivre.

Seit dem Mittelalter erweist man seinen Gästen bei ihrer Ankunft und ihrer Abreise größte Ehre, aber auch während der Bankette, wo man beim Essen selbst sehr wenig trinkt, dafür umso mehr, wenn man vor und nach einer Mahlzeit auf seine Gäste anstößt. Nach einem Ritual aus der griechisch-römischen Antike wird der Kelch reihum gereicht. „Man muss ihn mit Dankbarkeit von seinem Nachbarn empfangen, mit zwei Händen festhalten, darf nur wenig davon trinken, um nicht trunken zu werden, und muss den Kelch mit einer Hand an den anderen Nachbar weiterreichen, ohne ihn mit seinem Daumen zu beschmutzen. Wer gerade trinkt, darf nicht angesprochen werden." Der König jedoch lässt sich den zuvor gereinigten Kelch vom Mundschenk reichen, der seinen Inhalt vorkostet. Dieser Brauch wird *Vin d'honneur*, Ehrenwein, genannt. Die französischen Könige bieten einem Gast ihren Weißwein dar, der „so klar ist wie die Tränen Christi". Wenn das Mahl vorüber ist, lassen sie nicht nur Süßigkeiten in den Zimmern der Gäste hinterlegen, sondern auch liebliche Weine, von denen die edelsten oft aus Frontignan stammen. Sie werden in Kristallflaschen mit versiegeltem Glaskorken gereicht.

Jahrhunderte später wird der Brauch noch immer praktiziert, insbesondere auf Hochzeiten. Wer seine Gäste mit seinem besten Wein verwöhnt, gilt als besonders gastfreundlich. „Seiet streng mit eurem eigenen Wein, mit dem ihr andere gern zu erfreuen pflegt, und nachsichtig mit dem Wein eines anderen, denn er wird euch von einem Freund dargeboten", schrieb Maurice Constantin-Weyer in *L'Âme du vin* (Die Seele des Weins). Rings um mich herum wird gerade der Aperitif gereicht. Eine Gruppe am Nebentisch verkostet den Wein des Anwesens, begleitet von einer Wurstplatte. Und da sage ich mir, wenn ich eines Tages glücklicher Besitzer dieses Anwesens sein sollte, könnte ich den Fortbestand der Traditionen des mediterranen Art de Vivre gewährleisten, ihre Strahlkraft vergrößern und zum Stern am Firmament erhöhen.

Man ruft mich. Ich schüttele den Gedanken ab und schiebe meinen Stuhl zurück, um einen etwa sechzigjährigen Mann mit ansteckendem Lächeln und gebräuntem Gesicht, der Kraft und Energie ausstrahlt, zu begrüßen. Ich reiche ihm die Hand und rufe aus: „Sie sind ein Visionär!"

Nach den üblichen Verhandlungen werde ich am 1. April 2002 zum neuen Inhaber. Ich verlege den Sitz meines Unternehmens an diesen Ort und beschließe, den eingeschlagenen Weg der Innovationen des ehemaligen Besitzers zu verfolgen, während ich die nötigen Vorkehrungen treffe, um noch einen Schritt weiter zu gehen. Hier etwas justieren, da etwas gestalten und dort etwas vollenden. Ich lasse Bäume, Lavendel und Rosen pflanzen. Damals wollte ich die Weine des Südens noch heller strahlen lassen und meine Unternehmensaktivitäten ausbauen. In Wirklichkeit mache ich eine ganz neue Entdeckung, von der ich nur einen leichten Vorgeschmack erhalten hatte, als ich das Anwesen erwarb: die Begegnung mit den Besuchern. Meine Wahrnehmung verändert sich fundamental. Ich denke mir tausend Dinge aus, die ihre Erfahrung vielleicht optimieren, sie begleiten, ihnen Lust machen, wiederzukommen, ihre Neugierde wecken, kurz: Diesen Menschen einfach eine schöne Zeit bereiten kann. Das Auge, den Gaumen und das Herz erfreuen.

In der Folge dieser Erkenntnis bitte ich ein Architektenbüro, die Atmosphäre in den Zimmern zu verändern und betraue meine Frau damit, jedem Zimmer einen eigenen Charakter zu verleihen. Heute trägt jede Tür den Namen eines meiner Anwesen und die charakteristischen Farben seiner Terroirs. Auf dem Tisch steht eine Flasche des entsprechenden Weins als Geschenk bereit, zusammen mit zwei Gläsern, um eine Fortsetzung des Genusses zu ermöglichen. Auch die Kunst darf bei diesem Abenteuer nicht fehlen. Ein Freund aus meiner Kindheit, Olivier Domin, der unter dem Künstlernamen OlI zu internationalem Ruhm gelangt ist, bezieht Räumlichkeiten im ersten Innenhof und malt großformatige Gemälde, wovon einige dem ein oder anderen Wein huldigen. Und das Restaurant? Nach seiner Renovierung bietet es einen Reigen offener Weine, sodass jedes unserer Gewächse verkostet werden kann. Wie glücklich ich bin, wenn ich den Saal betrete und eine Gesellschaft sehe, die gekommen ist, um einen guten Wein zu einem Gericht aus den Zutaten der Saison zu genießen. Ich fühle, wie die Gerichte aus den Früchten des Meeres, mit frischem Gemüse aus unserem Gemüsegarten oder Lammfleisch aus dem Land der Katharer von der Wärme des Mittelmeers beseelt werden.

Eines Abends, ich schlendere gerade um die Gebäude herum und spüre, wie sich meine Träume konkretisieren, weiß ich plötzlich, was an diesem Ort fehlt. Genau, die Musik! Nicht die harmonisch klingend Melodie des Windes, der durch den Innenhof des Anwesens bläst, sondern die sehnsuchtsvolle Melodie einer „Bulle de jazz", einer *Jazzblase*, die Claude Nougaro aus Toulouse so teuer ist.

20

Domaine de l'Aigle
Sich selbst in Frage stellen

Sich selbst in Frage zu stellen ist in unserem Beruf unabdingbar. Manchmal geschieht diese Reflexion durch die Entdeckung eines neuen Terroirs, das es zu erforschen und zu ergründen gilt, um ihm seine Quintessenz zu entlocken.

Die Winzer im Hochtal der Aude waren lange Zeit der Meinung, ihr Terroir wäre nicht für die Produktion von Qualitätsweinen geeignet. Früher trugen diese Steilhänge in der Umgebung von Roquetaillade, etwa zehn Kilometer von Limoux entfernt, einen anderen Namen. Und es gab weniger Reben. In diesen Höhenlagen pflanzten die Winzer typisch mediterrane Sorten wie die Carignan oder die Aramon, die das kontinentale Klima nicht besonders gut vertragen. So waren sie auch nicht stolz auf ihre Weine. Doch sie liebten es, abends, kurz bevor es Nacht wurde, den Adlern dabei zuzuschauen, wie sie in den höher liegenden Gegenden über den Gipfeln kreisten, die hinter ihrem Weinberg aufragten.

Eines Tages in den achtziger Jahren beschloss eine Weingenossenschaft namens Les caves Sieur d'Arques mit Unterstützung des Bauernverbands des Departements, Bodenanalysen mit Proben von diesen Hängen durchführen zu lassen. Das Ergebnis offenbarte einen eigentümlichen Reichtum. Völlig im Widerspruch zur allgemeinen Annahme schienen die Böden eine ungewöhnliche Disposition für in diesen Breiten unübliche Rebsorten aufzuweisen. Letztlich war dieser Landstrich gar nicht so unattraktiv, und dafür lagen nun wissenschaftliche Beweise vor: blieb nur noch, die geeigneten Rebsorten anzupflanzen. Die einheimischen Weinbauern passten ihre Anbaumethoden an und erkannten, dass sie ihre Böden möglicherweise unterschätzt hatten.

In diesem Moment erscheint ein Pionier auf der Bildfläche: Seine Familie stammt aus der Champagne und baut seit Generationen Wein an, aber Jean-Louis Denois hat keine Lust, sich ins gemachte Nest zu setzen. Ihn zieht es in fernere Gefilde, nach Australien, Südamerika und Südafrika. Bei den Winzern in der Neuen Welt erweitert er seinen Horizont. Mit dem Ziel, das neue Wissen anzuwenden, lässt er sich nach seiner Rückkehr in Roquetaillade nieder. Im Jahr 1989 erwirbt Denois das höchstgelegene Anwesen der Gemeinde und tauft es „Le domaine de l'Aigle". Auch er liebt es, das Adlerpärchen zu beobachten, das sich in der Umgebung, nicht weit vom Wald, an den kühlen Hängen eines Gebirges, das eher an die Pyrenäen erinnert als an die Mittelmeerküste, ein Nest gebaut hatte. Majestätisch gleiten sie durch die Luft, der Anblick ist Balsam für die Seele, und ihre Anwesenheit adelt die ursprüngliche Natur dieser Gegend. Jean-Louis Denois folgt seiner Intuition und reißt zahlreiche alte Rebstöcke aus. An ihrer Stelle pflanzt er Chardonnay – dicke Ranken, kleine Trauben, goldene Beeren – eine Rebsorte, aus der Weißwein gewonnen wird und die man in der Bourgogne, in der Champagne und sogar ganz in der Nähe findet, da sie in den Schaumwein *Crémant de Limoux* eingeht. Doch hier in Roquetaillade weiß niemand, wie sie sich entwickeln wird. Dieser junge Winzer jedenfalls hat es gewagt, und sein erster Jahrgang ist ein Erfolg. Er produziert kleine Mengen eines sehr guten Weins, der von den Kritikern gelobt wird. Er beschließt, einen Schritt weiterzugehen und pflanzt eine Rebsorte, die einige Jahre später in den Vereinigten Staaten dank des Films *Sideways* über zwei Freunde, die durch Kalifornien tingeln, große Berühmtheit erlangen sollte. Diese edle Rebe – kleine, kompakte Trauben, blauschwarze

Beeren, ein durchsichtiger Saft – aus der die größten Weine des Burgunds hervorgehen und die schon im 11. Jahrhundert von den Mönchen des Klosters Cîteaux gepriesen wurde, ist die Pinot Noir. Denois gelingt ein zweiter Erfolg: ein äußerst feiner Wein. Doch dann verkauft er sein Anwesen paradoxerweise wieder.

Das Unternehmen Antonin Rodet, seit 1875 Weinhändler und Produzent, kauft es auf. Dieses prestigeträchtige und in seinem Marktsegment führende Haus der Côte Châlonnaise hat großes Interesse am Weingut Domaine de l'Aigle. Nach ein paar Jahren kommt das Unternehmen zu dem Schluss, dass es sich besser wieder auf seine Ursprungsregion konzentrieren sollte. Und so sucht das Anwesen erneut nach einem Besitzer und wie im Fall von L'Hospitalet erhalte ich einen Anruf mit der Frage, ob ich nicht interessiert wäre. Ein Aufkäufer bin ich eigentlich nicht, und doch... Nachdem ich die Örtlichkeiten in Augenschein genommen hatte, war es erneut um mich geschehen. Das wunderschöne Dorf mit seinen hübschen alten Häusern, die hügelige, farbenfrohe, malerische und friedliche Landschaft – all das lädt dazu ein, sich zuhause zu fühlen. Ich lerne Vincent Charleux kennen, der das Anwesen leitet und für seine Arbeit brennt, und komme mit ihm ins Gespräch. Nach einem Spaziergang durch den 25 Hektar großen Weinberg mit schnurgeraden Rebzeilen schreiten wir zur Verkostung der Weine.

Wir befinden uns im Jahr 2006. Das Anwesen ist bereit für einen neuen Kurs, das spürt man. Während ich den Hang bis zum Gipfel erklimme, begreife ich: Aus diesen Reben, die eine gute Reife erlangt haben, kann man jetzt die Quintessenz schöpfen. Während ich die Gärtanks und andere Vorrichtungen besichtige, die modern und nach burgundischem Vorbild hervorragend konzipiert sind, spüre ich das nächste spannende Abenteuer zum Greifen nahe: Die Vorstellung, Pinot Noir und Chardonnay in dieser Höhe anzubauen und zu verarbeiten, scheint mir verlockend und würde nicht nur mein Tätigkeitsfeld, sondern auch meinen Erfahrungshorizont erweitern. Ich trete das Erbe jener Besitzer an, die das Anwesen aus der Versenkung geholt und aufgewertet hatten. Ich bin bereit, noch mehr aus ihm herauszuholen, und so setzen wir uns zum Ziel, es mit den großen Chardonnays und Pinots der Welt aufzunehmen. 2007 haben wir das Gut endlich erworben. Das ist der Beginn einer Dynamik höchster Präzision. Bei jeder Entscheidung prüfen wir genau, ob sie unseren Erwartungen entspricht. Es ist nicht einfach, sein eigenes Wissen in der Anwendung unbekannter Methoden herauszufordern. Alles, was ich im Domaine de l'Aigle anpacke, geht mit dieser Unsicherheit einher. In erster Linie muss ich mich mit dieser für mich neuen Rebsorte vertraut machen.

Die Pinot Noir ist anspruchsvoll, empfindlich, sehr subtil – sowohl weiblich als auch männlich, Yin und Yang. Die Arbeit mit der Pinot Noir in einem Terroir in dieser Höhenlage ist ein Vergnügen, denn es entspricht dem bevorzugten Ökosystem und den Ansprüchen der Rebe und das kühle Kontinalklima liefert ihr optimale Bedingungen. Ich habe den Ehrgeiz, über den Lernprozess hinauszugehen. Ich will eine Abkürzung nehmen und wünsche mir, dass diese Rebsorte das Terroir im Einklang mit ihrem Charakter und ihrer Herkunft entfaltet. Charles Rousseau, einer der größten Pinot Noir-Experten in Gevrey-Chambertin, erklärt mir, wie man sie einholen muss: „Weißt du was, Gérard, Pinot-Beeren müssen ein bisschen stechen, wenn du sie in den Mund steckst." Folglich darf man im Gegensatz zur Syrah oder Grenache nicht warten, bis sie zur vollen Reife gelangt ist, im Gegenteil, sie sollte noch eine leichte Säurebesitzen, die ihr Charakter verleiht.

Ein Jahr später, im Jahr 2008, wollen meine Mitarbeiter und ich es wissen und beschließen, am Mondial du Pinot Noir, einem internationalen Weinwettbewerb in der Schweiz, teilzunehmen. Jedes Jahr werden mehr als tausend Weine ins Rennen geschickt und von einer international anerkannten Jury aus Verkosterinnen und Verkostern bewertet. Probe einschicken, warten und... Überraschung! Unter allen Pinot Noirs hat der Jahrgang 2007 des Weinguts Domaine de l'Aigle die höchste Auszeichnung erhalten, Großes Gold! Wir haben einen der besten Pinot Noir erzeugt.

An diesem Tag fahre ich glücklich und gerührt zum Weingut und steige hinauf zum kleinen Teich, der an einer Seite des Weinbergs die Grenze markiert. Mein Blick wandert zum Himmel, wo spähende Adler ihre Kreise ziehen. Dieses Terroir und die weltweite Anerkennung, die all unsere Bedenken wie weggefegt haben, erfüllen mein Herz mit Dankbarkeit. Unser Wagemut hat Früchte getragen, wir sind auf dem richtigen Weg.

21

Château Aigues-Vives
Die vier Elemente

Die Landschaft des Languedoc ist geprägt von Weinbergen, Heidelandschaft, Flüssen, Klöstern und Schlössern. Manchmal sind es Quellen, die ein Terroir auf geheimnisvolle Weise prägen. Und so sind zwei Klöster zu ihrem Namen gekommen: Fontfroide und Fontcaude, was so viel heißt wie „kalte Quelle" und „warme Quelle", was dem Wasser eine sakrale Dimension verleiht. Ihre Bedeutung ist lebensnotwendig, wurde aber zugunsten eines einfachen Grundbedürfnisses herabgestuft, gleichwohl sie eine wichtige Zutat in der Rezeptur der Erde und des Menschen bildet. Oft wird auch vergessen, dass ein Drittel der Weltbevölkerung unter drastischem Wassermangel leidet.

Wasser ist ein lebenswichtiges Element. Biodynamisch arbeitende Winzer werten das Wasser grundsätzlich auf: Sie dynamisieren es mithilfe von Verwirbelungstechniken und nutzen es als Grundlage für Pflanzenpräparate, die mehrmals pro Jahr im Weinberg ausgebracht werden. Wasser und Wein besitzen ein Energiefeld und schwingen in einer mehr oder weniger hohen Frequenz. Man kann also sagen, Wein hat eine Wellenlänge.

Aigues vives bedeutet „lebendiges Wasser". Lebendiges Wasser ist dynamisiertes Wasser. Wer das Wasser aus einer Plastikflasche und das Wasser einer Quelle miteinander vergleicht, wird feststellen, dass bereits ein einziger Schluck des Quellwassers den Durst stillt, während ein Liter aus einer Plastikflasche dafür nicht ausreichen würde. Tatsächlich haben wir rund um das Château, das wir 2010 erworben haben, zahlreiche Quellen entdeckt.

Familie Barsalou hatte das Weingut im Geist der Winzer der Corbières bewirtschaftet. Ein Weinhändler aus Bordeaux, Dourthe, erwarb das Gut in den neunziger Jahren und baute den Weinberg und die Keller sorgfältig und mit viel Fachwissen auf. Die große Entfernung und träge laufende Geschäfte durchkreuzten jedoch ihr Vorhaben. Wir freuen uns, von dieser hervorragend konzipierten Vorbereitung profitieren zu können. Unser Wissen, das wir auf unserem Gut Domaine de Villemajou erworben haben, half uns bei der Definition der Weine dieses Anwesens.

Wir befinden uns in den besten Terroirs der Boutenac-Lage im Herzen des Weinbaugebiets Corbières. Die Böden bestehen aus Terrassen aus dem Quartär, deren Feuersteinanteile dem Wein eine schöne Mineralität verleihen. Eine Assemblage aus alten Carignan-Reben, Syrah, Grenache und Mourvèdre bringt das Potential und die Ursprünglichkeit des Château Aigues-Vives zur Entfaltung. Seit der Renovierung des Gärkellers mit in Reihe stehenden Gärtanks, was an die Kellereitradition im Süden Frankreichs erinnert, bauen wir die Weine in dem spektakulären Barrique-Keller aus. Er wurde in den neunziger Jahren errichtet und in seiner theatralischen Architektur erinnert er an die großen Weingüter im Bordeaux. Weinfässer, so weit das Auge reicht, lassen Großes erahnen.

Die Seele des Ortes verströmt eine beruhigende Kraft und Harmonie. Zum Park des Anwesens gehören hundertjährige Bäume, darunter majestätische Pinien und eine fünfundzwanzig Meter hohe Pappel, als Zeichen der guten Hoffnung und unserer Demut. Die Umstrukturierung der unmittelbaren Umgebung verleiht diesem Weinbaubetrieb neue Konturen, die dem Temperament seines Terroirs und seiner Erzeugnisse angemessen sind. Die Weine der Châteaus Aigues-Vives und Villemajou, die dicht beieinanderliegen, unterscheiden sich stark. Ersterer ist eher frisch und fruchtig, während Villemajou eher liebliche und vollmundige Weine hervorbringt. Die Alchimie der Assemblage und die Rebsorten in veränderlichen Anteilen führen in zwei unterschiedliche Universen. Wir stellen die Persönlichkeit dieses Anwesens heraus, indem wir ihm seine Essenz und Typizität entlocken.

22

Château La Sauvageonne
Eine Verbindung mit der Natur

Bei dem Namen Larzac denke ich an die Proteste der Viehbauern gegen ihre Räumung – das Plateau sollte vom Militär genutzt werden. Dieser Kampf mitsamt seinem wichtigsten Akteur, José Bové, haben diese Region nachhaltig geprägt. Davon konnte ich mich persönlich überzeugen, als ich nicht weit von Millau Anfang der achtziger Jahre gemeinsam mit meiner Schwester Guylaine ein Praktikum in der Höhlenforschung absolvierte.

Das Larzac ist eine wunderschöne Gegend. Sein wilder Charakter, die trockenen, ausgedehnten Flächen eignen sich hervorragend für die Freilandhaltung von Schafen, deren Milch der Herstellung des berühmten Roquefort dient, ein nationales Wahrzeichen der französischen Käsevielfalt. Weiter südlich folgen die Terrasses du Larzac, die von den Orten Lodève, Saint-Jean-de-la-Blaquière, Saint-Félix-de-Lodez sowie dem See Lac du Salagou begrenzt werden, die ihm auch ihre Kraft und ihren besonderen Charakter verleihen. Bei meinem ersten Besuch beeindruckten mich die Anziehungskraft der steilen Abhänge, die kontrastreichen Farbschattierungen der Böden und das natürliche Gleichgewicht.

Der ehemalige Besitzer Monsieur Brown, ein Mann mit britischer Gelassenheit, hatte das Werk des Monsieur Poncé fortgesetzt, dem es als Erstem gelungen war, das Potenzial dieses Weinguts zu entfalten, indem er zwei Weine erzeugte, die von zwei unterschiedlichen

Böden stammten. Einer davon setzt sich aus roter Vulkanerde, Ruffes genannt, zusammen, die ihre Farbe je nach Sonneneinstrahlung ändert. Ich bat meinen Freund Yann Arthus-Bertrand, diese kontrastreichen Landschaften mit ihren mondartigen Farben zu fotografieren. Diese Böden bilden die Grundlage für die starke Mineralität der hier erzeugten Weine, insbesondere der Rebsorten Syrah und Grenache. Niederschläge im Monat August sind immer ein Segen, denn die Böden sind im Sommer starker Hitze und Trockenheit ausgesetzt.

Der See Lac du Salagou wurde in den sechziger Jahren gestaut und gilt als Paradebeispiel für die geniale Schaffenskraft des Menschen. Diese riesige Wasserfläche ist eine Ode an die Schönheit und Artenvielfalt, eine Verfeinerung der Natur. Ihre Spiegelungen auf dem Vulkangestein bieten ein seltsames Spektakel. Nicht weit von hier entfernt in den höheren Lagen zeichnet ein schieferhaltiger Untergrund ein anderes Bild. Diese für den Weinbau hervorragenden Böden enthalten Anhäufungen meist kleiner, im Allgemeinen rechtwinkliger Kieselsteine. Dieses Gestein ist aufgrund seiner phonolitischen Eigenschaften auch als Klingstein bekannt, was einen auf die Idee eines Schieferkonzerts bringt.

Nachdem wir die Entwicklung der Weine in jedem Terroir zwei Jahre lang beobachtet haben, beschließen wir, die Weine der jeweiligen Terroirs zu einem großen Rotwein zu verschneiden, da sie kompatibel und vor allem komplementär sind. Wir haben zwei Weine mit sehr unterschiedlichen Eigenschaften zusammengeführt und beste Ergebnisse erhalten, dieser Erfolg ist ein Segen.

Hier produzieren wir auch einen ausgezeichneten Weißwein, wenn auch für einen kleineren Kreis, dessen Rebsorten Vermentino, Roussanne, Grenache blanc und Viognier ausschließlich von schieferhaltigen Böden stammen. Und schließlich bauen wir auf die Vereinigung der Grenache und ihrer Eleganz mit der Frische der

Cinsault-Trauben, um einen charaktervollen Rosé höchster Präzision und Mineralität zu schaffen.

Monsieur Brown hatte die glückliche Idee, oberhalb der Kellerei ein zauberhaftes Wohnhaus außergewöhnlichen Stils bauen zu lassen. Er wünschte sich eine etwas erhöht stehende Villa, von der man das Anwesen überblicken könnte. Eines Abends rief er seine Tochter in Los Angeles an, die Architektin ist, um ihre Dienste anzufragen. Der Legende nach soll diese für das Projekt ihres Vaters jedoch keine Zeit gehabt haben und die Reisen nicht auf sich nehmen wollen, die für die Überwachung der Bauarbeiten vonnöten gewesen wären. Sie habe ihm die Pläne einer für die Hollywoodgröße Joan Collins entworfenen Villa geschickt, die er anstelle dessen bauen sollte. Immerhin stammen die Steine für die Arkaden aus unserem Terroir, damit ist die Ehre gerettet. Es gibt nichts Schöneres, als die Schönheit des Ortes mit geladenen Gästen, einem reich gedeckten Tisch und den Weinen des Châteaus zu genießen und die Zeit anzuhalten.

Neulich, als wir gerade mit einem Glas Weißwein am Swimmingpool saßen, bekamen wir ungewöhnlichen Besuch. Ein Gänsegeier mit einer Flügelspanne von zwei Meter fünfunddreißig fiel vor unseren Augen ins Wasser. Nachdem wir den ersten Schreck überwunden hatten, beeilten wir uns, das Tier aus dem Wasser zu holen, um es vor dem Ertrinken zu retten. Wir hatten unsere Mühe, denn der Vogel war riesig. Als er schließlich in Sicherheit war, fiel er in einen zweistündigen Schlaf, bis Vertreter der Vogelschutzorganisation eintrafen. Sie fütterten ihn zwei Monate lang, bis er wieder in die Lüfte aufsteigen konnte. Solche Momente der Gnade bringen uns dazu, den Sinn unseres Tuns zu hinterfragen und bestärken uns in unserem Bestreben, den natürlichen Lebensraum unserer Ländereien zu schützen. Denn wir dürfen nicht vergessen, dass die Natur unser Erbe und damit die Zukunft der Menschheit ist.

23

Château La Soujeole
Die eigene Existenz veredeln

Wenn man die Bundesstraße zwischen Carcassonne und Limoux, wenige Kabellängen vom Dorf Monclar entfernt, verlässt, erblickt man nach einigen Kurven auf der rechten Seite etwas unterhalb das Château la Soujeole. Manchmal bleibt die Zeit stehen und wirft uns auf die existenzielleren Fragen zurück: Was ist der Sinn des Lebens? Welchen Weg sollte man gehen, um seiner eigenen Saga, seinem wahren Wesen treu zu bleiben, indem man den Druck unserer Gesellschaft, die Verführungen des Egos oder einfach die Aufwallungen des Geistes einmal hinter sich lässt? Stille und Schweigen lassen uns einen Bewusstseinszustand erleben, der uns hilft, die Dinge klarer zu sehen und ein stärkeres Gefühl für unsere Überzeugungen, Prioritäten und Wege zu entwickeln, die wir gehen müssen.

Ich habe Monseigneur de La Soujeole vor zehn Jahren kennengelernt. Neben seinen kirchlichen Funktionen, seinem Amt und seinem Engagement in der Apostolischen Nuntiatur kümmert er sich um den Familienbesitz. Seine Beziehung zu dieser Landschaft, dem Weinberg und den Weinen seines Gutes ist für diesen Geistlichen wie eine zusätzliche Mission, die ihn auf das Zeitliche, den Rhythmus der Jahreszeiten, die Aufwallung der Gefühle und die Sorgen eines Winzers, die ihn bisweilen von seinen spirituellen Aufgaben abhalten, zurückwirft. Als ich auch seine Mutter Marie-Antoinette kennenlerne, erkenne ich die wahren Gründe für seine bedingungslose Treue zu dem Anwesen, das vom Geist einer spannenden Familiengeschichte beseelt ist. Diese Dame von zweiundneunzig Lenzen beeindruckt mich mit einem dynamischen und lebendigen Wesen und ihrem Gespür für den Kontakt zweier Menschen. Sie kultiviert eine Form des positiven Denkens, die ihr hilft, der verstreichenden Zeit zu trotzen. Ihre Sinne sind völlig wach, ihr Augenlicht und ihr Gehör sind scharf und ihr Geist ist von seltener Lebendigkeit. Ihr Sohn Bertrand leistet ihr von Zeit zu Zeit auf dem Anwesen Gesellschaft.

Als Monseigneur mir anbietet, die Geschicke des Weinguts, dessen Weine ich teilweise als Händler vertreten habe, in meine Hände zu nehmen, gehe ich das Gelände zunächst mit meinem obersten Gutsverwalter ausgiebig besichtigen. An jenem Tag offenbart sich mir die Seele des Terroir Malepère, was so viel heißt, wie „schlechter Stein", obwohl ein Teil der mittelalterlichen Cité von Carcassonne aus ihren Steinen errichtet worden war. Seine Landschaft ist hügelig und malerisch. Sein Klima vereint mediterrane und atlantische Einflüsse, was erfrischende Weine zaubert und wirklich jede Rebsorte zu voller Reife bringt.

Ich hatte schon immer eine Schwäche für die Cabernet franc, ihre Ursprünglichkeit, Feinheit und Struktur. Mit Merlot- und Malbec-Trauben verschnitten ergeben sie einen vielschichtigen, feinen Wein, der in seiner Ausgewogenheit früh fruchtige Aromen ausbildet und im Ausbau langsam reift – ein Markenzeichen für große Gewächse. Durch eine starke Begrenzung der Erträge konnten wir am Château La Soujeole Weine großer Klasse erzeugen. Weil die Parzellen unterschiedlich ausgerichtet sind, konnten wir es uns erlauben, die Traubenlese über mehrere Wochen auszudehnen und das Beste aus jeder Rebsorte herauszuholen.

Zwischen Narbonne und Limoux, im Département Aude, gelangt man innerhalb einer Stunde von einem semiariden Klima in ein Meeresklima, von einer Vegetation, in der Kräuter wie Thymian, Rosmarin und Lavendel dominieren, zu hochstämmigen Bäumen.

CHÂTEAU LA SOUJEOLE

Die Weine vom Château La Soujoele verströmen die Frische und Dichte des Terroirs und man spürt die Zauberkraft der Assemblage von Cabernet franc, Malbec und Merlot.

Die Weinbauregion La Malepère liegt auch am nächsten an Castelnaudary dran, der Welthauptstadt des Cassoulet, eine der unter Franzosen besonders beliebten Spezialität. Ich war schon immer ein großer Liebhaber von diesem Eintopfgericht aus weißen Bohnen, Gänse- oder Entenfleisch und Toulouser Wurst – eine Zutat die in ihre Zeit als Hauptstadt Okzitaniens verweist. Drei Chefköche tun sich in der Zubereitung dieses Kultgerichts der regionalen Küche hervor: Im Restaurant *Comte Roger* in der Cité von Carcassone ist Pierre Mesa der einzige, der Gänse- und Entenfleisch, oder *Confit*, in seiner Version des Rezepts kombiniert. Wenn ich diese kulinarische Tradition inmitten dieser Zitadelle in Gesellschaft zelebriere, fühle ich meine Beziehung zu den Wurzeln der Völker des Languedoc erstarken. Ich schätze auch sehr den klassischen und traditionellen Charakter der Cassoulet-Version von Jean-Claude Rodriguez am *Château Saint-Martin* sowie seine Bemühungen, das Renommé dieses weltlichen Gerichts mit der Gründung der Bruderschaft des Cassoulet zu stärken. Meine besondere Sympathie gilt meinem Freund und König des Cassoulet in Tokio André Pachon, der es geschafft hat, der Königsfamilie von Japan unser Art de Vivre näher zu bringen. Die Weine aus Malepère und vom Château La Soujeole sind ausgezeichnete Begleiter für Cassoulet-Gerichte können aber auch hervorragend zu feineren Speisen der französischen Küche, insbesondere zu Rindfleisch, gereicht werden.

24

Château des Karantes

Ein Hoch auf die Mittelmeerregion

In der Gemeinde Narbonne-Plage, dem Mittelmeer zugewandt, im Herzen des Nationalparks de la Narbonnaise auf dem Gebiet von la Clape, liegt das Château Karantes – eine Insel unberührter Natur. Seinen Namen verdankt es seinem ehemaligen Besitzer, dem Bischof von Carcassonne.

Familie Kysz aus Detroit, Michigan, kaufte das Weingut in den ersten Jahren unseres Jahrtausends, um ihren Traum vom Abenteuer Weinbau im Süden Frankreichs zu verwirklichen und schuf so eine natürliche Verbindung zu den *Wine Lovers* in den Vereinigten Staaten. Walter Knysz, seine Frau Janet und ihre Söhne Walter und Jason stecken ihre ganze Leidenschaft in dieses wunderschöne Anwesen im Terroir der Clape, inmitten einer geschützten Enklave, umgeben von einer Felswand, die Schutz bietet vor dem Nordwind. In den Talmulden erstrecken sich 43 Hektar Rebfläche auf lehm- und kalkhaltigem Boden, der den besonderen Charakter der Weine von La Clape ausmacht, ein Terroir, das für seine großen Rot- und Weißweine berühmt ist.

In die Weißweine geht vorwiegend die in der Region dominierende Rebsorte Bourboulenc ein, die sich durch einen langen Vegetationszyklus und sehr deutliche Eigenarten auszeichnet. In Assemblage mit Grenache, Roussanne, Vermentino und Terret blanc, die bereits im Jahr 1927 gepflanzt wurden, bringt sie charaktervolle und subtile Weine hervor. Kalkhaltige Böden begünstigen eine schöne Mineralität, was diesen Weinen Frische verleiht und ihr Alterungspotenzial erhöht. Ihr fruchtiger und jodbetonter Charakter bildet das Bindeglied zu den anderen Rotweine des Anwesens, die aus einer traditionellen Assemblage aus Syrah, Grenach, Mourvèdre und Carignan hervorgehen.

Die Nähe des Anwesens zum Château L'Hospitalet und die entscheidende Begegnung mit Walter haben uns dazu bewogen, unsere Kräfte zu bündeln, um frischen Wind in die Geschicke des Château Karantes zu bringen, und auf die Erzeugung eines hochwertigen Weines hinzuarbeiten. Die Kraft dieser ursprünglichen Ländereien imponiert mir und dass Familie Knysz mich mit der Aufgabe betrauen will, seinen Wert und seine Strahlkraft zu erhöhen, spornt mich an. Während einer ausgedehnten Besichtigung des Weinbergs und seiner Umgebung, in der kalkhaltige Felsen inmitten mediterranem Heideland dominieren, reift der Wunsch in mir, auf diesem Boden Weine zu schaffen, die sich in Sachen Qualität mit denen vom Château L'Hospitalet messen können. Wir werden alle Maßnahmen ergreifen, um diesem Terroir, das die langen Strände mit feinstem Sand von Narbonne-Plage und Saint-Pierre-la-Mer überragt, seine ganze Essenz zu entlocken. In Kürze richten wir die Gebäude neu her, um einen Ort zu schaffen, an dem Naturliebhaber und Menschen, die sich für Artenvielfalt interessieren, auf ihre Kosten kommen.

Dieser Ort hilft einem zu verstehen, warum die Römer aus dieser Narbonnaise genannten Provinz rund um Narbo Martius die erste Tochterprovinz Roms gemacht hatten und warum unser kulturelles und historisches Erbe überdauert. Die Insellage von La Clape verstärkt den einzigartigen Charakter ihres Lebensraums samt Fauna und Flora, unterstreicht aber auch ihre besondere Eignung als Ort für Gastfreundschaft und Art de Vivre. Wir haben beschlossen, das Gut gemäß unserer Philosophie in die biodynamische Landwirtschaft zu überführen, um den typischen Charakter und die Ursprünglichkeit dieser Weine herauszuarbeiten. Das ist eine neue Herausforderung für unsere Fach-Abteilungen, und ein weiterer Beitrag zur Stärkung unserer Präsenz in der Appellation La Clape.

Ich freue mich auf eine aufregende Zeit in dieser Anbauregion mit geschützter Herkunftsbezeichnung, gemeinsam mit den Winzern der Châteaus Rouquette-sur-Mer, Angles, Moujan, Mire-l'Étang, Capitoul, les Monges, La Negly, Camplazens, Tarailhan, Pech-Redon und Mas du Soleilla, die meine nächsten Nachbarn sind, und mit allen anderen, die zur Anerkennung dieser Erde, die uns zu Exzellenz verpflichtet, beitragen.

Die Geschichte wiederholt sich und wir schicken uns an, die Herzen all derer zu erobern, die unser Erbe zu schätzen wissen. Wir verfolgen alle das gleiche Ziel, wir schreiten zur Erneuerung des Languedoc und werden die würdigen Erben der römischen Eroberer sein, die uns mit den Völkern des uns so teuren Mittelmeers verbunden haben.

III
DIE PARZELLEN

25

La Forge

Seinem Leben einen Sinn geben

Der eigenen Existenz, dem eigenen Handeln, der eigenen Arbeit einen Sinn zu geben, so lautet das erste Gebot, die wichtigste Triebkraft. Ein Wort reicht aus, um es in Gang zu setzen, aber manchmal braucht man Zeit, um herauszufinden, was einem wirklich am Herzen liegt.

Oktober 1997. An Bord einer Maschine zwischen Paris und Montpellier kommt mir kurz nach der Landung die Erkenntnis. Plötzlich weiß ich, was ich zu tun habe. Seit zehn Jahren suche ich danach. Oft, wenn ich einen Moment Ruhe hatte oder kurz vor dem Einschlafen, kreiste diese Frage in meinem Kopf: Wie kann ich meinem Vater Ehre erweisen? Im Flugzeug können sich die Gedanken frei entfalten, den Himmel durchstreifen, während die Körper in ihren Sitzen zur Ruhe kommen. Seit einigen Minuten ruht mein Blick auf dem Flügel der Maschine, der an den Wolken vorbeizieht. Ich fühle mich gut. Meine Gedanken beginnen, Gestalt anzunehmen. Jedes Jahr im Oktober wird es Zeit für mich, Bilanz zu ziehen. Ich bin den Weg gegangen, den mein Vater vorgezeichnet hatte. Vor allem habe ich alles für meine Leidenschaft, den Wein, gegeben: Anbau und Erzeugung, von der Weinlese bis zur Abfüllung und nicht zu vergessen der Weinhandel. All diese Rollen habe ich vereint. Immer mit Blick auf die Qualität. Dort, wo mir die Geduld und manchmal auch die Erfahrung fehlten, sind einige Weine misslungen. Das ist völlig normal. In letzter Zeit habe ich das deutliche Gefühl, einen Meilenstein erreicht zu haben, insbesondere was meinen Ansatz der Weinbereitung betrifft. Mir scheint, dies öffnet mir den Weg zu mehr Feinheit und Präzision, und das macht den gewissen Unterschied aus, ja führt zu einem Qualitätssprung, da bin ich sicher. Mein Vater würde das bestätigen. Ich wünschte, er wäre heute hier, um meine Weine zu probieren.

Plötzlich sehe ich ihn. Es ist fast, als wäre er direkt vor mir. Er läuft über seine Lieblingsparzelle in Villemajou: La Forge, die Schmiede, wie sie hieß weil ein Schmied hier einst seine Kunst erlernt hatte. Ich sehe ihn von hinten, wie er durch die Reben schlendert, mit der Hand über die Ranken fährt, wie er es immer getan hatte. Da dreht er sich plötzlich um. Jetzt kommt er langsam auf mich zu, wie in einem Traum, und seine Augen bohren sich in die meinen. Die Intensität seines Blickes bringt mich für einen Moment aus dem Gleichgewicht, und das, was ich darin zu lesen glaube, ist die Vorsehung meiner Zukunft. Dann ist er verschwunden, verschluckt von meiner Verblüffung.

Das Flugzeug überfliegt unsere Gegend, es ist Nacht, wir werden jeden Moment landen, die Lichter blinken. Da unten glitzert die Stadt mit dunklen Flecken hier und da. Ich habe endlich eine Antwort auf meine Frage. Meine Entscheidung ist getroffen. Ich werde La Forge, die Lieblingsparzelle meines Vaters, als Einzellage keltern und einen Ausnahmewein schaffen, indem ich die Trauben dieser hundertjährigen Carignanreben, die das Blut dieser Erde sind, mit der uralten Syrah verschneide. Sie werden eine einzigartige Assemblage hervorbringen, Inbegriff der Alchemie des Weinbergs, des Terroirs und allen Wissens, dass ich heute habe. Er wird sein, wie kein anderer Wein und den Geist von Georges Bertrand in sich tragen.

Im Jahr 1998 wird der erste Jahrgang La Forge geboren.

26

Le Viala

Seinem Gespür folgen

Manchmal weist uns ein Objekt voller Geschichte den Weg ins Unbekannte. Ich habe das zweimal erlebt. Wer seiner Intuition folgt, ist bereit für die Begegnung mit seiner magischen Seite, die jeder von uns hat, auch das Universum.

Es ist 7.30 Uhr morgens, doch die Sonne steht schon hoch am Himmel. Für einen 23. Juni, Vorabend des Johannistags, keine Besonderheit. Ich bin heute besonders zeitig aufgestanden. Gestern Abend hatte ich beschlossen, dass ich heute im Weinberg von la Livinière eine Runde drehen würde. Während ich auf einer Höhe von zweihundertfünfzig Metern Rebstock für Rebstock passiere, genieße ich die frische Luft, den Gesang der Vögel und erfreue mich an dem wolkenlosen Himmel, der zweifellos einen heißen Tag ankündigt. Ich habe einen Weg erreicht, der von einer Mauer unverputzt geschichteter Steine begrenzt wird und lasse meinen Blick über den Horizont schweifen. Er bleibt an der Kirche einige Hundert Meter entfernt hängen. In diesem Moment lösen sich zu meiner Überraschung zwei Sonnenstrahlen vom Kirchturm in Minarett-Form. Nicht weit von meinem Standort sehe ich sie im spitzen Winkel auf eine Rebzeile fallen. Sie bilden ein so dichtes Lichtbündel, dass sie beinahe eine biblische Symbolkraft haben. Wie ist das möglich? Im Kirchturm befinden sich zwei Fensteröffnungen mit gewundenen Säulen, was die beiden Lichtstrahlen erklärt. Doch steht die Sonne schon so hoch im Himmel, dass sie die Fenster im Kirchturm erreicht? Oder ist das einfach nur ein Lichtreflex. Ich bin so entzückt, dass ich mich gar nicht mit dieser Frage aufhalte. Ehrlich gesagt begnüge ich mich damit, den Moment zu genießen. Vielleicht wurde ich hier Zeuge eines Zaubers? Ich bin hin und weg an diesem außergewöhnlichen Ort, am Vorabend des Johannistags... Es ist ein wenig, als gäbe es hinter dieser mir so bekannten Kulisse ein Geheimnis, eine mir unbekannte Realität tiefen Friedens.

Im Geist notiere ich, dass diese Sonnenstrahlen auf eine Parzelle fielen, die im Lieu-dit Le Viala unweit des Dorfes la Livinière liegt, dessen Name vom lateinischen *Cella vinaria*, „Weinkeller" abstammt – tatsächlich baute man hier bereits seit der Ankunft der Römer Wein an. Schließlich schicke ich mich an, mein Tagewerk zu erfüllen, jedoch nicht ohne an dieses Mysterium zurückzudenken. Ich weiß einfach nicht, welche Bedeutung ich den Vorkommnissen des heutigen Morgen beimessen soll. Wenn sie überhaupt eine Bedeutung haben.

Einige Monate später, die Trauben von den Terroirs Laville-Bertrou sind längst eingebracht, wird es Zeit für die Assemblage. Hier stehe ich also, in meinem „Tempel", wie stets umgeben von meinen Mitarbeitern, und verschneide die Weine vom Château Laville-Bertrou mit dem gleichen Entdeckergeist, der gleichen Begeisterung wie immer. Plötzlich entdecke ich zwischen den etwa dreißig Flaschen auf der Arbeitsfläche drei, die das Etikett „Viala" tragen und jeweils eine Rebsorte enthalten. Da kommt mir die Idee, sie miteinander zu verschneiden. Nur diese drei da, rein aus Neugier, um sie zu probieren.

Ich empfinde eine seltsame Mischung aus Ungeduld und Erwartung, ganz so, als würde sich etwas Außergewöhnliches ereignen – genau hier und jetzt. Als ich das Glas ansetze, spüre ich augenblicklich, wie sich ein starker Zauber entfaltet. Die aus Syrah-, Grenache- und Carignan-Trauben vergorenen Weine aus diesen drei Fässern fügen sich zu einer einzigartigen Einheit. Es ist noch nicht perfekt, doch wenn ich meiner Spur folge, ein bisschen Suche, wenn ich diese Assemblage verfeinere, müsste man doch den Schlüssel zum Paradies finden – diesem olfaktorischen und taktilen Nirvana, das unendlichen Genuss verspricht. Ich schwimme in einem Ozean farbenfroher, fleischiger und strukturierter Empfindungen. Hier und da verliere ich mich. Irgendwann tauche ich jedoch aus meiner Suche auf und verkünde: „Das ist es fast! Möchte jemand probieren?"

Wie immer, wenn eine Assemblage geglückt ist, sind wir uns einig. „Wie sollen wir ihn nennen?", fragt mich einer meiner Mitarbeiter. Nach der Parzelle, von der er stammt! „Le Viala".

Erst etwas später, ich sitze gerade an meinem Schreibtisch und schaue zum Fenster hinaus, kommt die Erinnerung zurück und alles beginnt, einen Sinn zu ergeben. Diese drei Rebsorten, die Frische, Intensität und einen reichen Körper vereinen, sind eben jene, die letzten Juni am Vorabend des Johannistags meinen Weg kreuzten. Jetzt wird mir alles klar. Dieser Lichtschein, den ich zwischen den Reben erblickt hatte, war ein Zeichen: Es wies mir den Weg bis zur Assemblage dieses Weins, der genau von dieser Parzelle stammt, die von den Sonnenstrahlen getroffen wurde. Es ist, als hätte man Le Viala mit einem Pinselstrich aus Licht gezeichnet.

27

L'Hospitalitas

Stolz sein auf seine Wurzeln

Wer stolz ist auf sein Land, seine Region, seine Familie und seine Kindheit, wer seine Vorfahren ehrt und stolz ist auf seine Herkunft, breite seine Flügel aus, umarme die Welt und übe sich im Teilen. Jeder Mensch wird tief in sich drinnen und in seiner Umgebung Wurzeln entdecken, die der Schlüssel sind zu seinem Reichtum und seiner Kraft.

„Wir sind Winzer und in einer Gegend zur Welt gekommen, in der zu leben angenehm ist. Eine Region, die seit Dionysos stark vom Einfluss der Kultur des Weinbaus und der Verehrung des Stiers geprägt ist. Es macht uns glücklich, diese Erde zu bewirtschaften, die sich so von den Bergen, der Heidelandschaft, den Ebenen, Seen und vom Meer abhebt." Das sind die Worte meines Vaters, die er in einem Brief vom Januar 1980 an die Winzer richtete, an deren Spitze er stand.

Kurz nach seinem Tod und dem Begräbnis treffe ich auf seinen Kindheitsfreund und ehemaligen Klassenkameraden, den Historiker Jacques Michaud. Obwohl er meinen Vater sehr gut gekannt hat, habe ich ihn nie kennengelernt. Dennoch weiß er in diesem besonders schmerzhaften Moment, der mich so aus dem Gleichgewicht gebracht hat, die richtigen Worte zu finden die mich nicht nur wieder aufrichten, sondern mir helfen, nach vorne zu schauen.

Als ich das Château L'Hospitalet erwerbe, ist er es, der mir als echter Lateiner die Devise *Sine vino vana hospitalitas* (keine Gastfreundschaft ohne Wein) als Leitspruch für diesen Ort vorschlägt, den ich sofort übernehme. Wenig später beschließe ich, zu Ehren meiner Geburtsstadt Narbonne und ihres *Hospitalet* eine Parzelle zu bestimmen, deren Früchte mir zur Kelterung eines Ausnahmeweins dienen sollen – einen Wein, mit dem ich Gastfreundschaft in all ihren Formen zelebrieren wollte.

Narbonne hat ihre Ursprünge im Römischen Reich, wo die Stadt mit Mittelmeerhafen unter dem Namen *Colonia Narbo Martius* im Jahr 118 v. Chr. durch ein Dekret des Senats gegründet wurde. Im Jahr 49 v. Chr. entthront sie sogar Marseille als Transitort zwischen Spanien und Italien. Von hier aus werden Öl, Holz, Hanf, Gewürz- und Färberpflanzen, Käse, Butter und Vieh exportiert... und Wein! Die Narbonner Bevölkerung ihrerseits erhält von den Römern Marmor und Töpferwaren, wovon die prachtvollen Gebäude, die über die ganze Stadt verteilt stehen, Zeugnis ablegen.

„Boulevard de la latinité" (Prachtstraße der Lateinischen Welt) nannte sie Cicero, „la plus belle" (die Schönste) wurde sie von Martial genannt, Narbonne ist die Hauptstadt dieser römischen Provinz. Als Rom 410 von den Westgoten verwüstet wird, erklärt man Narbonne zur westgotischen Hauptstadt. Auch unter Karl dem Großen im Jahr 800 wird sie Hauptstadt, die vom Herzog von Goth regiert wird. Die Stadt gewinnt immer mehr an Reichtum und Macht, bis eines Tages Sand und Schwemmgut der Flüsse die Bucht auffüllen, wodurch die Altstadt versandet. Das war eine Bedrohung für die Stadt und ihre Bewohner, wenn nicht der Reichtum des Weinbausektors in der Region und der Handel mit den Weinen die Stadt und ihren unangetasteten Ruf als Weinhauptstadt gerettet hätten.

Ungeachtet der Geschichte, die Narbonne mit dem Wein verbindet, sollte man sich vor Augen führen, dass L'Hospitalet zum Zeitpunkt seiner Errichtung im 16. Jahrhundert – im Gegensatz zu dem, was sein Name vermuten lässt – kein Krankenhaus (hôpital) war. Ein

Hospitalet ist vielmehr ein Ort der Erholung, an dem die Ärmsten unter den Schutzbedürftigen Unterschlupf finden, ein Ort des Austauschs also, des Teilens mit seinen Nächsten. Interessanterweise steckt diese Auffassung in dem lateinischen Wort *hospitalitas*, das vor dem christlichen Zeitalter die Bezeichnung war für das Aufteilen eines Landstrichs unter jenen Gruppen, die ein Gebiet seit Langem bewohnen – die Einheimischen – und den römischen Eroberern. Diese von den Römern ordnungsgemäß organisierte Art des Teilens war es sogar, die es Römern und Galliern in der Antike ermöglichte, sich zu durchmischen und in Frieden zusammenzuleben. Und so ist dieser Wein eine Hommage an meine frühesten Wurzeln. Gastfreundschaft und das Teilen als Weg, das gleiche Land zu bewohnen.

Es handelt sich hierbei um eine drei Hektar große Parzelle in einem magischen Tal, das gut geschützt an ein Trüffelfeld, Brombeersträucher und einen Olivenhain grenzt. Der Syrah, unter den sich einige Reben Mourvèdre mischen, verströmt Aromen von Waldfrüchten, typisch mediterrane Düfte und nach der Reifung Noten von schwarzem Trüffel. Wenn ich an diese Jahrhunderte alte Geschichte, aber auch die ganze Geschichte meiner Geburtsstadt denke und mir vorstelle, wie diese Rebflächen im 16. Jahrhundert ausgesehen haben mussten, überkommt mich das unwiderstehliche Verlangen, ein Loblied auf meine Erde zu singen und ihr all ihre Essenz zu entlocken.

Ich bin in Narbonne zur Welt gekommen und in einer großen Familie aufgewachsen, die zusammenhielt. Ich kenne die Weinberge wie ich mein Herz kenne, und meine Wurzeln reichen bis tief in dieses Terroir und seine kalkhaltigen Felsen. Vom Wind verwehte Gischt war die Wiege meiner Kindheit. Die Grillen sangen ihre Melodie. Die Kunst zu Leben, die mich heute trägt, kommt von weit her.

28

L'Aigle royal

An seine Ideale glauben

„Meine Freunde, ich sage euch, auch wenn wir heute und in der Vergangenheit vielen Schwierigkeiten die Stirn bieten mussten, ich habe dennoch einen Traum." Martin Luther King auf den Stufen des Lincoln Memorial, Washington D. C., 28. August 1963.

Was betrachten sie, wenn sie fliegen? Zweifellos ihre Beute. Aber sehen sie die Landschaft mit ihren Chardonnay- und Pinot-Reben, die man in einer Höhe von 503 Metern gepflanzt hat, die Hütte am Südhang, den Pfad, der zum Anwesen hinaufklettert, die Sonnenblumen, den Ort Roquetaillade mit seiner Kirche gegenüber und etwas unterhalb, seinem Schloss? Vielleicht erspähen sie uns, wenn wir über die Anhöhe huschen. Vielleicht spüren sie uns, wenn wir, von der Schönheit, dem Sonnenlicht, der sauberen Luft verzaubert, tief durchatmen und Kraft tanken... Zu Ehren dieses majestätischen, edlen und treuen Adlerpaars, das dort oben seine Kreise zieht, taufte ich diese Höhenlage, die einen Chardonnay von starker Mineralität und einen Pinot mit üppiger Robe hervorbringt, „Aigle royal" (Königsadler).

Der Überlieferung nach hat die Chardonnay ihre Ursprünge in der Bourgogne, eine kürzlich durchgeführte Studie verortet ihre Wurzeln jedoch auf den Hügeln von Jerusalem. So sei der Name Chardonnay biblischen Ursprungs: *cha'ar adon'ai* ist Hebräisch und bedeutet „Tür zu

Gott". Die Pflanzen seien durch die heimkehrenden Kreuzritter nach Frankreich gekommen. Dies bestärkt uns in unserer Überzeugung vom großen Potential der Höhenlage des Mittelmeerraums für diese berühmte Rebsorte. Bereits die Gallier kultivierten sie, ihren Namen erhielt sie dank ihrer Form eines Kiefernzapfens.

Die Adler fliegen hoch am Himmel, dabei behalten sie die Erde stets im Blick. Bei ihrem Anblick muss ich an einen Satz von Antoine de Saint-Exupéry denken: „Mach aus deinem Leben einen Traum, und einen Traum lasse Wirklichkeit werden." Seinen Traum verwirklichen ist harte Arbeit, der Moment der Verwirklichung ist jedoch reinste Magie. Und so habe auch ich einen Traum. Und wenn ich auf diese Parzelle zurückkehre und die Natur bewundere, wandern meine Gedanken zu diesem Traum. Dann beichte ich ihn dem Himmel und bitte ihn, mir meinen Traum noch lebendiger und voller Kraft zurückzuschicken. Wenn ich vor der Parzelle Aigle Royal stehe, sinne ich über die Berge nach, auf denen ich die Katharerburgen erahne. Dort liegt der Ursprung meiner Träume. Die Wirklichkeit stimmt in meine Träume ein, denn die Früchte von diesen beiden Parzellen entfesseln die Essenz und Komplexität jeder Rebsorte.

Die aus Chardonnay-Trauben gekelterten Weißweine zeigen nach sechs bis acht Monaten Reifung im Eichenfass eine Komplexität, Fülle und Mineralität, die auf ein großes Alterungspotenzial hinweisen. Die Roten stammen aus der Kelterung von Pinot-Noir-Trauben, sie haben mir den Sinn für Präzision und Minimalismus gelehrt. Die Pinot Noir empfängt den Geschmack des Terroirs, überträgt Emotionen, übermittelt eine Botschaft und lädt ein zu mehr Spiritualität.

In einer Magnum-Flasche gelagert, wird dieser Wein die nächsten Jahrzehnte mit Ihnen zelebrieren.

IV
ZURÜCK IN DIE ZUKUNFT

29

Tautavel

Terroir offenbaren

Ein Terroir offenbaren heißt, ans Licht bringen, was verborgen ist. Die Natur ist nichts ohne die Arbeit des Menschen. Und für die Arbeit im Weinberg braucht man viele Menschen, die zusammenhalten: Gemeinsames Engagement verhilft dem Wein zur Entfaltung, sodass er sein Bestes geben kann.

Am 22. Juli 1961 entdeckt der 36-jährige Archäologe Henry de Lumley einen menschlichen Schädel in der sogenannten Caune de l'Arago, der Höhle von Arago, die sich in einem Abhang über der Ebene von Tautavel befindet.

Vierzig Jahre später sind er und sein Team die glücklichen Finder von über hundertzwanzig Fossilen von Menschen, die zwischen 690.000 und 300.000 Jahren vor unserer Zeitrechnung gelebt haben. Diese Ausgrabungen, die an sieben Monaten im Jahr stattfinden, ermöglichen es der Welt und insbesondere Europa, Bekanntschaft zu schließen mit dem ältesten Homo Erectus, der dem Neandertaler vorausging. Seit diesen Entdeckungen pflegt das Dorf eine Kultur der Gastfreundschaft, denn die Berühmtheit der Höhle und ihrer früheren Bewohner zieht zahlreiche Touristen an, und auch das Forschungszentrum sowie das Museum stellen einen wichtigen Publikumsmagneten dar.

Die Entdeckung der Höhle durch Marcel de Serras, der ihre Fauna studierte, im Jahr 1836, ermöglichte der Welt hundertzwanzig Jahre später, unsere Vorfahren aus der Urzeit kennenzulernen. Auch die Einwohner von Tautavel haben davon profitiert: Ihr Leben wurde in vielerlei Hinsicht bereichert.

Ich mag den Ort Tautavel in den Ausläufern eines halbreisförmigen Kalksteinplateaus mit seinen Häusern, die trotz ihrer für das Mittelmeer typischen roten Ziegel an Gebirgshäuser erinnern. Wenn man oberhalb des Dorfes, also auf dem Plateau, spazieren geht, versteht man sofort, warum sich diese Urzeitmenschen in dieser zauberhaften, von Mineralien geprägten, Landschaft niedergelassen haben: Von der Öffnung der Höhle überblickt man das Tal des Verdouble. Das kann sehr hilfreich sein, wenn man die Wanderbewegungen von Tieren wie Mufflons, Rentieren, Nashörnern oder auch Büffel verfolgen will, die über das Land ziehen. Die damaligen Menschen jagten in einem Umkreis von dreißig Kilometern, wobei die Höhle als dauernde Wohnstätte oder als vorübergehendes Lager diente.

Der Weinbau tauchte in diesem prachtvollen Landstrich zum ersten Mal ungefähr im 6. Jahrhundert v. Chr. auf. Und der Mensch setzte seinen Weg unaufhörlich kultivierend, zeugend, gebärend und sich sein Habitat aneignend fort. Wie kann man sich nicht forttragen lassen vom Strudel der vergangenen Zeiten? Yann Arthus-Bertrand nennt in seinem Film *Home* Jahreszahlen, die uns ein Bewusstsein für unsere Inkarnation verschaffen: die Entstehung der Erde vor 4.600.000.000 Jahren, das Auftreten der ersten Bakterien vor 3.500.000.000 Jahren, die Entstehung des Menschen vor 4.000.000 Jahren und, zu guter Letzt, der Mensch von Tautavel vor 450.000 Jahren. Diese Zahlen setzt der Filmemacher ins Verhältnis mit den wenigen hundert Jahren, die uns von der Entdeckung des Erdöls trennen, welche das Angesicht der Erde und ihre Bewohner für immer verändert hat...

Die Beschleunigung der technischen Entwicklung versetzt uns in eine Raumzeit, die sich erheblich von der unserer Vorfahren unterscheidet. Unser Kopf und unser Organismus haben entgegen der land-

TAUTAVEL

läufigen Meinung alle Mühe, diese rasend schnellen Veränderungen zu verstoffwechseln. Und dann das: Tautavel, eine Rückkehr zu den Ursprüngen der Menschheit. Die Zeit erstreckt sich über unendliche Weiten und dieser Gedanke lässt uns auf beruhigende Weise bedeutungslos erscheinen. Ich lasse meine Augen über den Talkessel schweifen, an den sich das Dorf schmiegt. Staunend betrachte ich ringsum die Rebflächen. Ich kenne seine Kraft: Tautavel ist ein großes Terroir, das sich in der dominanten Rebsorte Grenache Noir, aber auch in der Carignan und Syrah entfaltet. Der magere Boden mit seinem Schiefercharakter macht seinen Reichtum aus. Hier muss sich die Rebe tief verwurzeln und ein ausgewogenes Verhältnis schaffen zwischen ihrem sichtbaren Teil – Rebstock, Reblaub und Früchte – und den langen Wurzeln, die sich auf der Suche nach der kleinsten Spur Wasser durch das Gestein schlängeln.

In Tautavel versteht sich Qualität von selbst. Genauso wie die Großzügigkeit und Glut des Weines. Sie haben ihren Ursprung im Terroir und in der Geschichte des Menschen. Joseph Monzo, Régis Ougères und der Önologe Marcel Rouillé sind seine Wegbereiter. Als ich 1995 zum ersten Mal nach Tautavel komme, lerne ich Winzer kennen, die einem bestimmten Projekt gegenüber aufgeschlossen sind: Ihre Produktion zusammenlegen und ein Weinsortiment begründen. Die Weine dieser Gegend sind der Konkurrenz dank ihrer reichen Geschichte, der spürbaren Verbindung zwischen den Generationen und vor allem einem Terroir, das den Ansprüchen der Grenache auf bemerkenswerte Weise entspricht, weit voraus. Die bald schieferhaltigen, bald kalkhaltigen Böden bringen diese Rebsorte in ihren drei Erscheinungsformen schön zur Geltung. Die Grenache Noir ist die stärkste Kraft in den Assemblagen der Appellation Tautavel. Sie ist dürreresistent und ergibt überaus vollmundige, sanfte Weine mit einer Fülle an roten und schwarzen Früchten. Die Grenache Gris diente früher der Erzeugung natürlicher Süßweine und geht heute nach sorgfältiger Auslese in unseren berühmten Rosé Gris Blanc ein. Schließlich die Grenache Blanc, deren Trauben in einem sehr frühen Reifestadium gelesen werden und einen fruchtigen, spritzigen, rassigen und mineralischen Weißwein ergeben, den man Vin vert, grüner Wein, nennt.

Die Rotweine von Tautavel gehen für die Cuvées Réserve und Grand Terroir aus einer Assemblage von 70% Grenache Noir, 20% Syrah und 10% alter Carignan hervor. Der Cuvée Hommage, den wir zu Ehren der ruhmreichen Winzer keltern, ist eine Auslese der ältesten Grenache-Reben, von denen einige über hundert Jahre alt sind.

Wir haben uns mit den Winzern der Gegend sehr schnell auf einen Zehnjahresvertrag geeinigt, den wir gerade verlängert haben. Natürlich gab es dazu unterschiedliche Meinungen und die Diskussionen gestalteten sich lebhaft. Unsere Verantwortung war es, der Welt das Erbe dieser Menschen zu offenbaren, indem wir unsere menschlichen, önologischen und kaufmännischen Kräfte vereint haben. Wir haben alles gegeben und die Qualität vollzieht von Weinlese zu Weinlese eine eindrucksvolle Entwicklung. Das Wichtigste ist die enge Verbindung zwischen den Winzern der drei Dörfer und meinen Teams. Heute sind wir stolz, die Weine von Tautavel in Frankreich und den dreißig Ländern zu verkaufen. So tragen wir zum Verkaufserfolg, zur Anerkennung der Bedeutung des kulturellen Erbes und der Geschichte unserer Vorfahren sowie dem katalanischen Art de Vivre bei.

30

Gris Blanc, Gio und Code Rouge
Die Juwelen

Neben meiner Leidenschaft für die Weine der Domaine, die alle ihren eigenen Charakter haben, entdecke ich sehr schnell mein starkes Bedürfnis, etwas Neues zu schaffen. Eines Tages also, ich bin gerade auf den Straßen des Rousillon, genauer im Vallée de l'Agly unterwegs, sagt mir meine Intuition, dass es Zeit wird, mit der Grenache Gris, einer Rebsorte, die in diesen magischen Gefilden Nordkataloniens angebaut wird, eine neue Richtung einzuschlagen. Diese alten Reben brachten Grundweine hervor, die der Erzeugung natürlicher Süßweine und insbesondere der Rivesaltes dienten. Die Verkaufszahlen dieser Produkte auf dem französischen Markt sanken immer weiter, im Exportsektor hatten sie nie wirklich Fuß gefasst und waren der Konkurrenz der Portos und anderer Jerez-Produkte ausgeliefert.

Ich setze den Leiter der Kooperative von Tautavel von meinem Entschluss in Kenntnis und im Jahr 2005 keltern wir fünfzig Hektoliter, was 6.500 Flaschen ergibt. Das Ergebnis übersteigt meine Erwartungen und wir beschließen, das Produkt auf den Markt zu bringen. Aus reiner Intuition nenne ich ihn Gris Blanc, denn die Grenache Gris dient der Erzeugung von Weiß- und Roséweinen. Seine kristallklare Farbe, sein einzigartiger Charakter und seine schöne Mineralität machen ihn zu einem Ausnahmewein, der mit keinem Rosé vergleichbar ist. Ich liebe seine Länge am Gaumen und sein leicht bitteres Finale, die seine Besonderheit ausmachen. In der zweiten Saison produzieren wir 40.000 Flaschen, die wir allmählich auch außerhalb Frankreichs verkaufen. Diese köstlichen Weine mit starkem Charakter und durstlöschender Eigenschaft haben Verbraucher in über fünfzig Ländern erobert. Die schlanke Flasche, das schlichte Etikett und ein sachliches Erscheinungsbild tragen zur Wertschätzung und Vereinnahmung dieses Produkts bei. Wir sind stolz auf unser Vermächtnis, Vorreiter zu sein in diesem Marktsegment und etwas bewirkt zu haben.

Immer mehr Menschen wissen Roséweine zu schätzen, da sie die Erwartungen des modernen Konsumenten erfüllen – insbesondere Frauen setzen sich gerne über Konventionen hinweg und wollen mit diesem Wein Momente von unvermitteltem Genuss und intensiven Austausch erleben. Der Gris Blanc ist immer ein Grund zu feiern.

Gio war der Spitzname meines Vaters Georges. Dieser Name verströmt Mittelmeer-Flair, eine gewisse Freiheitsliebe und Verwegenheit. Die mediterrane Weinbaukultur wird vom besonderen Charakter der Grenache-Rebsorten geprägt, die in allen drei Farben für ihre Kraft, Großzügigkeit und liebliche Süße bekannt ist. Meine Mitarbeiter hatten die Idee, einen Wein für den täglichen Genuss zu schaffen, der reinsortig gekeltert werden sollte, um seine Frucht und seinen köstlichen Charakter gebührend zu feiern. Diese Rot-, Weiß- und Roséweine stammen von jungen Reben unserer Region und kommen sehr früh auf die Flasche. Mein Vater sagte oft: „Weißt du, Gérard es ist schwer, aus der Grenache einen schlechten Wein zu machen", so sehr befindet sich ihr Vegetationszyklus im Einklang mit unserer Region. Diese drei Weine stehen für unmittelbaren Trinkgenuss mit Sinn für Geselligkeit.

Seit 1990 entwickeln wir nach der Idee von Gérard Margeon, Sommelier bei Alain Ducasse, verschiedene Flaschenformate auch für unsere Roséweine. Insbesondere die Magnum und Jeroboam sollen dazu beitragen, dass die Kunst zu Leben und einen Wein zu servieren auf die Spitze getrieben wird.

Wenig später, als ich in einer Rumbar im Hotel *Belle Mare* auf der Insel Mauritius vor einem alten Rum sitze, habe ich einen Geistesblitz. Eher zufällig und ohne jede Intention streift mein Blick die rote Flasche eines international bekannten Wodkas. Und genau das ist der Moment, in dem der Code Rouge geboren wird. Ich bin seit Langem ein großer Champagner-Fan, vor allem der großen Champagner, die ein Glücksgefühl und eine gewisse Erregung in mir auslösen. Die seltsame Alchemie von Schlichtheit und Komplexität der Weine dieser Region hat mich schon immer fasziniert. Wer eine Flasche Champagner öffnet, hat zweifellos etwas zu feiern, wie etwa eine gelungene Begegnung. Als Anhänger von Dom Pérignon habe ich die großen Cuvées von Laurent Perrier, Veuve Clicquot und Nicolas Feuillatte zu schätzen gelernt.

Andere Weinbauregionen mit Schaumweintradition schaffen neue Wege, um der wachsenden Nachfrage nach dieser Art Wein in Frankreich und weltweit zu begegnen. Im Limoux bremsten die Bürde der Tradition und das Zaudern zwischen Blanquette und Crémant in den neunziger Jahren den Aufschwung. In letzter Zeit sind aus den Kellereien Sieur d'Arques, Antech, Denoit und Rosier hochwertige Gewächse von schöner Struktur hervorgegangen, die es mit den Größten aufnehmen können. Auch ich wage das Abenteuer, eine Cuvée von hochkarätigem Blanc de Blanc zu schaffen, jedoch nicht, ohne große Spezialisten wie den ausgemachten Schaumwein-Experten und ehemaligen Rugbyspieler Philippe Coulon zu Rate zu ziehen. Und so mündet eine Assemblage von Chardonnay und Chenin mit einem Hauch Mauzac im Jahr 2010 in die Schaffung der ersten Cuvée Code Rouge. Dieser Schaumwein aus dem Limoux, der in limitierter Auflage produziert wurde, rundet das Sortiment unserer Weine ab und ist der Beweis für unsere Bereitschaft, den Bedürfnissen des Verbrauchers gerecht zu werden.

Wir haben uns bewusst für ein Erscheinungsbild entschieden, das mit Traditionen bricht und Grenzen sprengt, denn dieser Schaumwein spiegelt das wachsende Bedürfnis vieler Konsumenten, klassische Codes zu überwinden und ihren eigenen Weg zu gehen, eigene Wünsche zu formulieren und nach ihrer Verwirklichung zu streben. Das Leben des Code Rouge beginnt glücklich: Nach dreijährigem Ausbau, den er für eine gewisse Reife benötigt, nimmt sich die Lancierung des Schaumweins erfolgreich aus. Seine kompromisslose Einstufung als Spitzen-Produkt verschafft den Menschen im Languedoc eine gewisse Sicherheit und lassen sie, frei nach dem Vorbild der Mönche im Kloster Saint-Hilaire, die im Jahr 1531 den ersten Brut der Welt kelterten, die großen Momente mit einem Gewächs aus unserer geliebten Heimatregion feiern.

31

Legend Vintage

Das Wirken des Menschen

Das Roussillon ist ein Terroir, das zahlreiche Geheimnisse und einige Schätze birgt. Wir ziehen unsere Kraft, unsere Wurzeln, unsere Kultur und unsere Spiritualität aus der Mittelmeer-Region. Die Ägypter, Hebräer, Griechen, Römer und später die Westgoten, Katharer und Perser tragen das Fundament der drei monotheistischen Religionen in sich, die das Bindeglied zwischen Südeuropa, Afrika und dem Mittleren Osten bilden. Unsere Symbole, Bräuche und Rituale sind stark von diesem tausendjährigen Erbe geprägt.

Der Hafen von Narbonne galt in der Antike neben Rom als mächtigster Hafen, der Handelsbewegungen jeder Art und insbesondere den Handel mit Wein begünstigte: Er wurde zunächst in Tonkrügen, später in Fässern und schließlich in Bottichen mit großem Fassungsvermögen verschifft. Die sechziger Jahre sind vom stetig wachsenden Handel Frankreichs, Spaniens, Italiens und Algeriens mit Weinbauerzeugnissen geprägt: ein Ergebnis der großen Nachfrage nach reichhaltigen und großzügigen Weinen, die den Durst der Arbeiterklasse stillen.

Die Vins Doux Naturels haben seit jeher ihre ganz eigene Musikalität. Sie erlebten ihre Blütezeit im Königreich Frankreich, als Louis XIII. und Richelieu sich am Muscat de Frontignan, dem in ihren Augen angesehensten aller Weine, gütlich taten.

In Nordkatalonien machen die Vins Doux Naturels heute einen

wichtigen Anteil des Bruttoinlandprodukts aus. Hier trägt die Familie Byrrh zur beispielhaften Entwicklung des Weinbaus bei, indem sie eine ausreichende Versorgung sicherstellt und im gesamten Département Kellereien für die Erzeugung und den Ausbau dieser Weine errichtet. In den sechziger Jahren gilt der Byrrh als Lieblingsaperitifwein der Franzosen. Er besitzt den Vorteil eines unvergleichbaren Lagerpotenzials. Sein lieblicher Geschmack, seine Textur, seine fruchtigen, holzigen und würzigen Aromen schmeicheln dem Gaumen des Verbrauchers. Diese Weine passen hervorragend zu den Leckereien dieser Region wie dem Croquant de Saint-Paul-de-Fenouillet oder den Rousquilles, von denen die besten noch immer nach einem sorgfältig gehüteteten Rezept in der Boulangerie von Arles-sur-Tech gebacken werden.

In den Nachkriegsjahren beginnen die besten Winzer, ihre Qualitätsweine zu vermarkten, wobei sie versuchen, die übermächtigen Weinhändler zu umgehen. Das Mas Amiel, die Domaine de Volontat, die Winzer der Côte radieuse und die Brüder Cazes sind die Pioniere des Wandels und Urheber der Qualitätssteigerung dieser Produkte. Die drei Appellationen Rivesaltes, Maury und Banyuls kennzeichnen das Terroir und offenbaren unterschiedliche Aromapaletten, Typizitäten und Assemblagen.

Der Maurie ist das Heiligtum der Grenache Noir und offenbart die Essenz der Reinheit und Subtilität dieser Rebsorte. Dank seiner fruchtigen Aromen und einem eleganten, lieblichen Körper kann er sehr jung getrunken werden, besitzt aber auch ein großes Alterungspotenzial. Der Maury ist ein ungeschliffener Diamant, der ganze Stolz des Roussillon. Der Banyuls tritt vor allem als Rotwein, etwas seltener auch als Weißwein auf. Als Rotwein geht er aus der Assemblage von Grenache Rouge und Grenache Gris hervor, die ihm eine erlesene Feinheit und Eleganz verleihen. Die Appellation ist vom Wind und der Gischt des Mittelmeers geprägt und liefert elegante, kräftige und geheimnisvolle Weine.

Rivesaltes ist eine relativ große Weinbauregion, deren Appellationsgebiet sich über die Departements Pyrénées-Orientales und Aude erstreckt. Sie bringt Rot-, Weiß- und Roséweine hervor und lässt dem Winzer einen größeren Kreativitätsspielraum als die beiden anderen Regionen, da ihre Weine aus verschiedenen Rebsorten assembliert werden können: Grenache Noir, Gris und Blanc sowie Macabeu. In der Vergangenheit wurde auch oft die Carignan verwendet. Man definierte zwei Kategorien: den bernsteinfarbenen, zarteren Rivesaltes, in den vor allem Macabeu und Grenache Gris eingehen, und den ziegelbraunen Rivesaltes der zu einem großen Teil aus Grenache Rouge besteht.

Diese größte unter den Appellation ist leider schwer aufzuwerten. Eher aus Trotz denn willentlich halten die Winzer ihre Weine im Keller zurück, insbesondere in Zeiten marktbedingter Flauten. In den Familien werden diese Schätze von Generation zu Generation weitergegeben, sodass sich die Tradition fortsetzt. Die sehr porösen Holzfässer fördern den Sauerstoffaustausch und damit die Feinoxydation, was zu einer schönen Reife des Weins führt. Mein Vater hat mich früh in die Degustation bei den Erzeugern im Hause Mas Sauvy eingeführt, die alte Rivesaltes von bemerkenswerter Qualität produzierten. Sie bauen ihren Wein nach der Solera-Methode aus, nach welcher die unterschiedlichen Jahrgänge miteinander „vermählt" werden, um ein gleichbleibendes Aroma und eine konstante Typizität zu gewährleisten. Als ich mich später auf den Straßen des Roussillon herumtrieb, ließ ich keine Gelegenheit aus, diesen Wein zu kosten und mich daran zu erfreuen.

Zu Beginn der neunziger Jahre weisen mich meine Mitarbeiter auf eine nicht zu verachtende Menge Rivesaltes des Jahrgangs 1974 im Cave de Terrats hin. Ich mache mich auf, den Wein zu verkosten und beschließe, den gesamten Vorrat aufzukaufen. Und so bringen wir zweihunderttausend Flaschen von diesem alten Rivesaltes auf den Markt. In zwei Jahren haben wir alles verkauft. Auf diese Art haben wir eine Premium-Klasse für diese Ausnahmeweine geschaffen, die mittlerweile in größerem Stil vertrieben werden.

Etwas später statten wir Madame Villa einen Besuch ab. Diese charmante und passionierte Dame überlässt uns mit viertausend Flaschen eines 1959er Rivesaltes einen wahren Schatz. Sie hatte diesen Wein vierzig Jahre lang im Fass belassen, weil ihr Mann ihr anvertraut hatte, dass es sich um einen einzigartigen Jahrgang handelt. Und so konnten wir diesen Wein in den besten Restaurants der Welt platzieren. Die Weine sind so erfolgreich, dass wir nach nur drei Jahren mit leeren Händen dastehen. Doch nicht für lange Zeit. Da wir unseren Importeur in Dänemark wechseln, sind sind wir gezwungen, sein gesamtes Depot aufzukaufen. Als ich die Liste seiner Weine erhalte, stelle ich zu meinem Entzücken fest, dass hundertzwanzig Flaschen dieses alten 1959er in einem Kopenhagener Keller schlummern. Ich lasse mich nicht lange bitten: Mit Handkuss übernehmen wir den gesamten Vorrat und danken der glücklichen Fügung.

Diese Weine wecken einmalige Gefühle in mir. Sie sind Zeugen vergangener Generationen, überlieferter Handwerkskunst und besonderer Bescheidenheit – alle wichtigen Zutaten, um sich von einem legendären Produkt verzaubern zu lassen. Sie können vor, während oder nach der Mahlzeit getrunken werden, bilden aber auch die ideale Gesellschaft in Momenten des Rückzugs, der Besinnung und Meditation.

Ich liebe es, mich zum Zeitpunkt des Sonnenuntergangs an einem Sommerabend im Garten niederzulassen und mir einen Tropfen Rivesaltes 1945 zu gönnen. Schnell werde ich von Gefühlen übermannt. Der Duft des Weines mischt sich unter meine umherirrenden Gedanken. Mein Geist wird belebt und ich lasse mich in tiefster Dankbarkeit für die Magie des Moments von der Schönheit der Natur forttragen. Dieser Wein trägt die Zeit wie einen Stempel in sich. Das Jahr 1945 symbolisiert für mich den Sieg des Guten, wiedergewonnene Freiheit, die ersten Regungen einer neuen Welt, die Möglichkeit, sich von Angst und Schrecken zu befreien.

Mein Freund und katalanischer Komplize verbrachte vierzig Jahre seines Lebens in den Kellereien des Roussillon, wo er die besten Weine kelterte und sehr wertvolle Beziehungen zu den Erzeugern dieses Landstrichs pflegte. Wenn er sein Wissen unter Beweis stellt, steht er in Konkurrenz mit dem zweiten großen Önologen der Region, Jean Rière – in dessen Fußstapfen tritt jetzt übrigens mein alter Schulfreund, der talentierte Jean-Michel Barcelo –, da herrscht andauernde, aber freundschaftliche Rivalität. Als Marcels Rentenansprüche fällig sind, betraue ich ihn mit einer Mission. Er soll mich bei der Schaffung einer Kollektion verschiedener „Vintages" behilflich sein. Fortan sollten wir zehn Jahre lang verschiedene Kellereien absuchen, um auf verschlungenen, lehrreichen und zeitlosen Wegen zu finden, wonach wir suchen. Mit Unterstützung von Stéphane Quéralt – ein fachmännischer und talentierter Önologe, der aus dem Roussillon stammt – öffnen wir einen Keller, dessen Besitzer vor zwanzig Jahren den Schlüssel verlor.

Die Inspektion übertrifft unsere Erwartungen. Heute verfügen wir über eine Kollektion aus neunzehn Jahrgängen von 1977 bis 1875. In diesen Flaschen stecken zwei Jahrhunderte Geschichte, Legenden, Glück und Leid.

All diese Weine, die wir am Fass verkostet haben, wurden von uns mit größter Sorgfalt abgefüllt. Mein Ziel ist es, nur einen Teil dieser seltenen Weine während der mir verbleibenden Zeit im Berufsleben zu verkaufen und den Großteil der Flaschen für kommende Generationen aufzubewahren, damit die Tradition überdauert und die Botschaft vom Geist unserer Region weiter in die Welt hinausgetragen wird.

32

Tausend und ein Detail

Von der Lehre zur Erfahrung

Cap Insula symbolisiert unsere Verwurzelung im Gebiet von La Clape, das früher *Insula lec* hieß, und verweist auf eine Richtung, eine Mission: unsere neue Kellerei mit dem Mittelmeer verbinden. Inmitten dreiundzwanzig Hektar Reben schafft Cap Insula ein Bindeglied zwischen der Weinbautradition und der Erneuerung unserer Region.

Wer im 21. Jahrhundert herausragende Weine schafft, muss ein respektvolles Verhältnis zu unseren Vorfahren pflegen und gleichzeitig auf dem neuesten Stand von Weinbereitung, Ausbau und Flaschenabfüllung bleiben, um die Essenz und Ursprünglichkeit der Terroirs einzufangen und den Weinliebhabern dieser Welt gleichbleibende Qualität zu garantieren.

Die Erzeugung großer Weine erfordert Geduld, Reife und eine gewisse Strenge, aber auch eine Vision, die man mit seinen Mitarbeitern teilt sowie eine gute Intuition, um der Seele eines Terroirs nachzuspüren und sie im Wein zu offenbaren. Dieser Weg voller Tücken ist gezeichnet vom Rhythmus der Jahreszeiten und dem vorherrschenden Klima.

Und so ist nichts wichtiger als ein Gefühl der Demut und Verbundenheit mit der Natur, um im Einklang mit den natürlichen Vorgängen handeln zu können, ohne ihr angebliche technische Errungenschaften aufzuzwingen. Die Rebe wächst nicht nur über dem Boden. Ein Rebstock nimmt symbolisch die Form einer menschlichen Gestalt an. Seine Wurzeln sind die Beine. Sie stellen eine Verbindung zwischen den Trauben und dem Boden her, über die sie mit Nahrung und tellurischen Kräften versorgt wird.

Der Stamm ist der sichtbare, unveränderliche Teil. Er wird von einer Rinde geschützt, die wie die Haut austrocknet, Wasser aufnimmt und sich über die Jahre erneuert. Er ist für gewöhnlich gerade, aber manchmal auch gewunden und verschlungen. Der Stamm ist wie die Wirbelsäule des Rebstocks, die Krümmungen aufweisen kann, die einer Skoliose ähneln. Der Wind beeinflusst die Neigung des Rebstocks, was auf seine wichtige Rolle hinweist.

Im Narbonnais gibt es dreizehn verschiedene Winde: den Südwind, den spanischen Wind, die Tramontane, die Carcasses, den Cers, den Nordwind, den Saint-Porais, den Autan, den Griechen, den Narbonnais, den Marin, den Ostwind und den Vent des Causses: Sie alle haben Einfluss auf den besonderen Charakter eines Jahrgangs.

Die Ranken sind wie die Verlängerung des Rebstocks, im Okzitanischen heißen sie *Souquets*. Sie stellen Arme, Hände und Finger dar. An ihren Enden bilden sich im Frühling die Blüten, die später zu Früchten werden. In einem langsamen Prozess des Wachstums und der Reife nehmen die Trauben langsam ihre endgültige Form, Farbe und Größe an. Ihre wichtigsten Verbündeten sind die Blätter.

Über den Vorgang der Photosynthese nehmen sie die Energie des Sonnenlichts, des Regens und der Luft auf. Die Trauben verinnerlichen auch die Aromen der näheren Umgebung, zum Beispiel der umliegenden Pflanzen, wie Zistrosen, Olivenbäume, Trüffelbäume, Brombeersträucher, Ginster, Thymian und Rosmarin.

Ein gesunder Lebensraum für die Rebe, nachhaltige Anbaumethoden im Einklang mit der Natur und die Anwesenheit unterschiedlicher Baumarten leisten einen wichtigen Beitrag zu einem harmonischen Weinbaubetrieb. Der Mensch muss das natürliche Gleichgewicht respektieren, so es denn bereits existiert, und es wiederherstellen falls es verloren gegangen ist. So bleibt die fruchtbare Erde eines Terroirs erhalten und die kommenden Generationen von Landwirten finden einen funktionierenden Lebensraum im Boden vor. Der Weinbauer ist ein Wohltäter der Menschheit, denn mit seiner Existenz, seiner Arbeit und seiner Präzision schützt er Mutter Erde und fördert Eintracht und Harmonie auf diesem Planeten.

Auch die Symbolik des Rebschnitts hat eine große Bedeutung. Wenn tote Pflanzenteile im Winter gekappt werden, kann sich der Rebstock erneuern und regenerieren. Damit zeichnet er das Bild einer verheißungsvollen, neuen Saison, auch wenn die Blüteninduktion bereits vor der vorangegangenen Weinlese erfolgt ist. Dieser unveränderliche Prozess, dieser vollkommene Kreislauf verpflichtet uns zu größtem Respekt und gesundem Verstand.

Reben können bis zu hundert Jahre alt werden und verfügen über mehrere Generationen menschlicher Begleiter. Ihr Wein – abgefüllt in Flaschen oder bei vertikalen Verkostungen – hilft ihre Botschaft und Poesie über Jahrzehnte zu überbringen, zur Freude ihres Genießers.

Wein ist in der Lage, Zeit, die nie stillsteht, zu bannen. Er ist das einzige Getränk, das aus den Früchten einer mehrjährigen Pflanze gewonnen wird, die auf so begrenztem Raum, manchmal einer einzigen Parzelle, gedeiht und so viele verschiedene Orientierungspunkte bietet. Die Magie in einer guten Flasche Wein, ihre Alchemie und Liebe lassen sich mühelos erahnen. Liebhaber des Weins suchen diese Begegnung, die sie für einige Augenblicke oder einige Stunden in ein anderes Universum versetzen und einen Moment der Gnade hervorbringt.

Ein Weinbauer muss zudem die verschiedenen Etappen der Weinbereitung beherrschen – vom Zeitpunkt der Lese über die Vinifikation, den Ausbau, die Assemblage und die Flaschenabfüllung bis hin zum Transport des fertigen Produkts. Das bringt uns zurück zur Maxime „tausend und ein Detail", die meinem Vater so teuer war. Meine Erfahrung, die ich mit meinen Winzerkollegen teile, beruht auf dem Umstand, dass ich die Trauben jeder Parzelle mehrmals verkoste, um den optimalen Lesezeitpunkt zu bestimmen. Dieser hängt vom Grad der Reife, vom Qualitätspotenzial, aber auch von der phenolischen Reife ab, also vom Entwicklungsstand der Schalen und Kerne der Trauben. Dazu begutachtet man ihre Farbe und zerbeißt sie zwischen den Zähnen. Die Farbe eines reifen Traubenkerns wechselt von grün zu braun, und er muss zwischen den Zähnen leicht nachgeben. Er kann sowohl zum Verbündeten als auch zum Gegenspieler des Weins werden, denn wenn er reif genug ist, hat er einen bitteren Beigeschmack, der hauptverantwortlich ist für die Adstringenz. Das gilt vor allem für Rotwein, der mehrere Tage auf der Maische vergoren wird. Wenn das Lesegut im Gärtank gelandet ist, wird mit der Weinbereitung begonnen, die der Kellermeister weniger steuert als begleitet und beeinflusst. Es gibt keine Zauberer im Gärkeller, wohl aber gewissenhafte Menschen mit Feuereifer.

Nun folgt ein für die Ausprägung der Beschaffenheit des Weins entscheidender Schritt: die Assemblage. Von allen Arbeitsschritten, vom Schnitt bis zur Flaschenabfüllung, ist er der wichtigste. Die Assemblage offenbart den Charakter des Weins sowie seine Individualität und Typizität. Sie verfeinert die Ausprägung des Terroirs und die Besonderheiten des Jahrgangs.

Die Zusammenführung der verschiedenen Parzellen erfordert Fingerspitzengefühl. Man braucht langjährige Erfahrung und eine gute Kenntnis der näheren Umgebung. Der Winzer muss in der Region zuhause sein, um keinen Standardwein zu schaffen, der zwar technisch ausgereift ist, aber kein Gefühl erzeugt und keine Seele besitzt.

In der Logik der Pyramide der Sinne (siehe S. 89) kann der Konsument eine Entwicklung vollziehen, indem er von der Stufe des Genusses zur Stufe des Geschmacks, Gefühls und schließlich zur Botschaft gelangt. So kann er oder sie in den Kreis der Eingeweihten, der Erwachten eintreten, also jener Menschen, die sich nicht mehr mit dem Geschmack zufrieden geben, sondern nach Komplexität streben. Die Vielschichtigkeit eines Weins ist die Frucht der Weisheit, Inspiration und Exzellenz desjenigen, der ihn geschaffen hat. Ich hatte kürzlich das Privileg, eine außergewöhnliche Persönlichkeit kennenzulernen. Katsumi Tanaka ist ein japanischer Schriftsteller, Anhänger der Biodynamie und großer Kenner der französischen Weinbaulandschaft. Der Weinliebhaber, der einen Teil seines Lebens in der Küche eines New Yorker Restaurants verbracht hat, versucht schon immer, die Geheimnisse des Weins zu durchdringen und ein Gespür für sein Potenzial, seine Vertikalität und sein Energiefeld zu entwickeln. In gewisser Weise versucht er, der Musikalität des Weins, dem Klangbild einer Symphonie aus Farben, Aromen und Geschmacksnoten nachzuspüren.

Was Katsumi vor allem auszeichnet, ist, dass er die Bedeutung der Assemblage und die Entstehung ihrer Grundweine verstanden hat. Er sucht nach der Melodie, der Resonanz, dem harmonischen Gleichgewicht. Die Struktur eines Weins vergleicht er mit einem Tempel, seinem Fundament, seinem Aufbau, seinem Baukörper und dem Dach. Bei der Assemblage entsprechen die Grundweine aus den verschiedenen Fässern jeweils einer dieser Kategorien. Es ist wichtig, ein göttliches Verhältnis zwischen den verschiedenen

Ebenen zu schaffen. Man sollte nicht vergessen, dass große Maler der Renaissance den goldenen Schnitt auf ihre Gemälde anwendeten. Leonardo da Vinci war einer der einflussreichsten Vertreter dieses Vorgehens. Das Streben nach Perfektion und Exzellenz offenbart bisweilen eine gewisse mathematische Logik, die auf der Verwendung von Primzahlen beruht.

Das Ergebnis einer Assemblage verdeutlich und bestätigt, was uns unser Gespür vermittelt hat. Das endgültige Ziel ist erreicht, wenn das Produkt der Assemblage, der verschnittene Wein, einen mehrdimensionalen Charakter gewonnen hat und die gesamte Mundhöhle auskleidet. Dann spricht er das Herz, die Sinne und den Neokortex an. Voraussetzung dafür ist die Ausgewogenheit von Aromapalette, Struktur, Textur und Mineralität. Sobald die Assemblage geglückt und das göttliche Verhältnis gefunden wurde, beginnt der Ausbau, um die Tannine im Rotwein zu bändigen, Weißweine zu verfeinern und den Wein ganz allgemein zur notwendigen Reife zu bringen, sodass er in die Flasche kann. Auch die richtige Wahl der Fässer ist von Bedeutung. Jean-Claude Berrouet übermittelte mir über die Jahre sein Wissen und die Früchte seiner Erfahrung bei der Auswahl der richtigen Eiche, dem Flämmen der Fässer, der richtigen Holzmaserung, der Dauer der Lagerung unter freiem Himmel und natürlich der Herkunft. In einem nächsten Schritt werden die Fässer für das Umziehen des Weins vorbereitet. Es handelt sich hierbei um ein präzises Zeremoniell, das darin besteht, die Fässer mit klarem Wasser auszuspülen, um sie von überflüssigen Tanninen zu befreien. Es dauert einige Tage, bis diese sich im Wasser gelöst und es grün bis braun gefärbt haben. Wenn der Wein seinen Weg in die Fässer einmal gefunden hat, kann die Zeit des Ausbaus beginnen. Sie dauert in unseren Betrieben bei den Weißweinen zwischen sechs und acht Monaten und bei den Rotweinen mindestens zwölf Monate, also einen Jahreszyklus. Dann verschmelzen die Gerbstoffe des Weins mit den Tanninen im Holz, verfeinern sich, polymerisieren[1] und zeigen schließlich mehr Komplexität, Eleganz und Feinheit.

Holzfässer ersetzten die Tonkrüge der Antike, die dem Transport der Weine dienten, da sie durch ihre Offenporigkeit den Luftaustausch und damit den Prozess der schonenden Oxydation oder Feinoxydation begünstigen. Wenn der Ausbau abgeschlossen ist, wird jedes Fass verkostet und in einem Verzeichnis erfasst, um Abweichungen zu verhindern. Nach diesem Kontrollverfahren kann die Assemblage erfolgen.

Der fertige Wein wird erneut in den Tank umgezogen und für die Abfüllung vorbereitet.

Diesen Prozess durchlaufen alle unsere Weine und Cuvées, Alltagsweine wie Spitzenprodukte. Das Prinzip ist überall gleich, seine Anwendung unterscheidet sich. Das Schöne an unserem Beruf ist, dass man jeden Wein auf besondere Weise analysieren, verarbeiten und behandeln muss. Bei uns findet keine Standardisierung statt. Jeder Wein ist in seiner Natur einzigartig und verdient die gleiche Aufmerksamkeit wie alle anderen Weine.

Da wir in unserem Streben nach Exzellenz einen Schritt weitergehen wollten, blieb uns nichts anderes, als eine neue Kellerei im Einklang mit dieser Philosophie zu bauen. Wir beauftragten einen Architekten, der in der Lage ist, unsere Gedanken nachzuvollziehen und auf unsere Bedürfnisse einzugehen. Jean-Frédéric Luscher gewann den von uns ausgeschriebenen Architekturwettbewerb mit einem außergewöhnlichen Entwurf in H-Form – H wie Harmonie, Hedonismus und Hospitalitas. Die Gestalt des nach ökologischen Kriterien konzipierten Gebäudes begünstigt eine hervorragende Zirkulation der Energie und folgt der Bauphilosophie antiker Tempel, indem er ein harmonisches Gleichgewicht zwischen den kosmischen und den erdgebundenen Kräften schafft. Der Wein kann diese

---

1. Veredelung der Tannine im Wein.

Informationen in der Zeit bis zur Abfüllung aufnehmen. Das Dach der Kellerei besteht aus naturbelassenem Holz, Mauern und Fundament sind aus unverputztem Zement und Klinker – Materialien, die eine Übertragung begünstigen.

Jeder Tempel, jede Kirche und jede Kathedrale wurde gebaut, um Frauen und Männer zu besänftigen und eine Verbindung mit Gott, also dem Universum, zu schaffen. Ihre Bauweise birgt eine sakrale Dimension, eine spirituelle Dynamik. Wir haben die Kellerei mit Anlagen auf dem neuesten Stand der Technik ausgestattet, die ausgefeilter nicht sein könnten, um reibungslose Produktionsprozesse bis zur Abfüllung zu garantieren.

Nachdem die Weine noch einige Wochen in der Flasche reifen durften, sind sie bereit für die Keller unserer internationalen Kundschaft, und wenn sie schließlich getrunken werden, übertragen sie Geist, Herkunft und Charakter unserer Terroirs.

33

Kommenden Generationen die Hand reichen

Sine vino vana hospitalitas. Keine Gastfreundschaft ohne Wein. Dieses Kredo versinnbildlicht die Werte unseres Unternehmens, unserer Belegschaft und unseres Art de Vivre, unserer Kunst zu leben. Fünfzig Jahre, das ist die Mitte des Lebens. Ich hatte das Bedürfnis, mich auf mich selbst zu besinnen und Sie an meinem Weg der Initiation teilhaben zu lassen. Sehr schnell bin ich vom Kind der Corbières zum verantwortungsvollen Erwachsenen geworden. Ich musste den Sinn dieses neuen Lebens verstehen lernen, das mir beim plötzlichen Tod meines Vaters am 28. Oktober 1987 aufgezwungen worden war. Ungeachtet aller Liebe, Bewunderung und Achtung für meine Eltern und die enge Bindung zu meinem Vater Georges war es wichtig, wenn nicht lebenswichtig für mich, diesen mir vorbestimmten Weg genau zu prüfen. Ich wollte einfach wissen, ob ich ihn auch in Anwesenheit meines Vaters gegangen wäre. Manchmal fiel es mir schwer, meinen Platz an der Seite meines Vaters zu finden, der mir Mentor und Vorgesetzter zugleich war. Dennoch bin ich der Überzeugung, dass ich gewisse Projekte relativ selbstständig hätte realisieren können, um eigene Erfahrungen zu machen, an seiner Seite zu wachsen und von seiner Erfahrung zu profitieren. Das Leben hatte jedoch andere Pläne.

Wie als Wink des Schicksals übernahm ich beherzt die Zügel im Familienunternehmen, ohne zu vergessen, einen Teil meiner Kräfte für meine Sportlerkarriere zu schonen. Mein Vater blieb noch einige Jahre bei mir und inspirierte mich. Nach seinem Tod verspürte ich eine Art Mangel, wirklich gefehlt hat er mir jedoch nicht. Das hat mich dazu bewogen, über das Leben, das Sterben und das Jenseits nachzudenken, und meinen Glauben, meine Überzeugungen zu stärken. Ich glaube fest daran, dass es so etwas wie Zufall nicht gibt und dass alles einen Sinn hat, auch wenn er sich uns nicht gleich offenbart. Jeder muss den richtigen Schlüssel finden, der die richtige Tür öffnet, um seinen eigenen Weg zu gehen und das Leben auszukosten. Doch braucht man einen festen Willen und Vertrauen.

Nelson Mandela schrieb: „Was uns am meisten ängstigt, ist nicht unser Schatten, sondern unser Licht. Wir fragen uns, wer bin ich, dass ich es wage, brillant, wunderschön, talentiert, fabelhaft zu sein? Aber wer bin ich, dass ich es wage, all dies nicht zu sein? Ihr seid Kinder Gottes. Wer sich ewig klein hält, tut der Welt keinen Gefallen. (...) Wir sind geboren, um die Pracht Gottes in uns erstrahlen zu lassen. Sie ist in jedem von uns. Indem wir unser Licht erstrahlen lassen, erlauben wir unbewusst allen anderen, das Gleiche zu tun."

Damals geschah etwas Seltsames, so etwas wie eine Stabübergabe, wie eine Botschaft, die ein Vorhaben weiter und höher trägt, stärker werden lässt, und bisweilen eine mystische Dynamik annimmt. Rugby hat mich groß gemacht, der Wein hat mich zu einem Glaubensbekenntnis gebracht. Synchronizität und Vorsehung trugen dazu bei, dass ich die richtigen Menschen getroffen habe, die den Weg zu einer Bewusstwerdung und spirituellen Entwicklung ebneten.

Nachdem ich das Rugbyspielen 1994, an meinem dreißigsten Geburtstag, aufgegeben hatte, konnte ich mich ganz meiner Leidenschaft für die Weine meiner Region widmen und diese Verpflichtung voll erfüllen. Nichts als schlaflose Nächte, ständiges Infragestellen und Zweifel markierten den Beginn meiner beruflichen Karriere. Glorifizierung, Ungestüm und Adrenalin waren meine wichtigsten Ventile. Nach fünf Jahren kam ich innerlich zur Ruhe und fand andere Triebfedern für die Entwicklung meiner Persönlichkeit. Mein fester Wille war seit jeher mein wichtigster Verbündeter, nun musste ich meine Kenntnisse und Fähigkeiten ausbauen.

Weinbau und Önologie erforderten unbedingte Askese und ein unerschütterliches Engagement, um eine gewisse Form der Klarsicht zu erlangen. Ständig hatte ich diese Worte meines Vaters im Ohr: „Der Wein, das ist tausend und ein Detail." Sich mit den richtigen Menschen umgeben, delegieren und Vertrauen finden waren die wichtigsten Etappen. Außerdem habe ich verstanden, wer ich wirklich bin und welchen tieferen Sinn mein Leben hat. Das beruhigte mich und festigte meinen Willen, meinerseits etwas zu erreichen sowie die Terroirs und die Kultur unserer Region in Frankreich und weltweit bekannt zu machen. In diesem Beruf muss ich meine Demut immer wieder unter Beweis stellen, dafür sorgen die Kalamitäten des Klimas, die Güte der Natur und die Suche nach einer Alchemie für die Erzeugung von Ausnahmeweinen.

„Wenn du dir einen geraden Weg bahnen möchtest, spanne vor deinen Pflug einen Stern" schrieb Antoine de Saint-Exupéry. Dieser Satz verbildlicht hervorragend meine Vision von der Weinkultur. Ich wollte mich schon immer im Spannungsfeld von Sehr gut, Hervorragend und Exzellent bewegen. Die Exzellenz ist mein Leitstern, mein kleiner Weg. Dieser Weg ist für mich, aber auch für meine Mitarbeiter und Kameraden manchmal beschwerlich. Das ist der Preis, den man zahlen muss, wenn man Jahr um Jahr mit Rücksicht auf den spezifischen Charakter eines Jahrgangs Weine schaffen will, die für Qualität, Herkunft und Handwerk stehen. Ein gewisser Wissensstand ist unerlässlich und Wissensübermittlung ist manchmal sein *Alter Ego*. Man braucht es mehr als alles andere, wenn man seinen Kunden und seinen Verbrauchern seine Erfahrung, Botschaft und sein Art de Vivre nahebringen will.

Ich möchte weiterhin aus vollem Herzen an der Idee festhalten, Weine zu schaffen, die unsere Region, den Süden Frankreichs, für seine immer zahlreicher werdenden Anhänger verkörpern. Jenen, die sich in dieser Region voller Geschichte, Kultur und einer gewissen Emotionalität, die allen Mittelmeervölkern eigen ist, engagieren möchten, will ich weiter zur Seite stehen und mein Wissen vermitteln.

Alle, die dieses Abenteuer Menschlichkeit mit uns teilen möchten, werden wir mit offenen Armen empfangen. Glücklich stellen wir fest, dass wir gerade ein neues Paradigma einleiten, und werden der Geschichte unseres Lebens weitere Kapitel hinzufügen, um die Kunst, die Weine des Südens zu leben, zu zelebrieren.

Nachwort

Handeln macht glücklich.

Ich sage oft, Handeln macht glücklich, und meine Begegnung mit Gérard lieferte dafür den besten Beweis. Er hat die Energie und Begeisterungsfähigkeit jener Menschen, die die Welt verändern wollen. Er ist gleichzeitig erleuchteter Missionar – und das liebe ich –, der all seine Weingüter auf Biodynamie umgestellt hat, und erfolgreicher Geschäftsmann, der seine Träume verwirklicht. All das verkörpert er mit solchem Charisma, dass man sofort Lust bekommt, seine Weine zu trinken.

Wie alle Weinbauern schafft er mehr als ein alkoholisches Getränk: Er bereitet uns Vergnügen und sorgt für Geselligkeit. Und das habe ich vor zehn Jahren in New Orleans auf brutale Weise am eigenen Leib zu spüren bekommen, als der Helikopter, in dem ich saß, abgestürzt ist. Ein Wunder, dass ich noch am Leben war, ich weinte Tränen des Glücks. Ich wollte sofort meine Frau anrufen... und ich verlangte ein Glas Wein. Denn in diesem angelsächsischen, klinischen und mir fremden Universum, in dem ich mich befand, barg der Wein die Erinnerung an meine Freunde und mein Land. Denn ich wollte bei meinen Lieben sein und ihre Wärme spüren. Und alles das assoziierte ich mit Wein.

Geselligkeit, Gemeinsamkeit, die Lust am Zusammensein, die Freude, sich seinen Mitmenschen zu öffnen, sind ebenso Teil seines Universums wie die Problematik nachhaltige Entwicklung. Und sowohl für Gérard als auch für mich selbst ist Umweltschutz eine Form von Humanismus: ein Lied der Liebe, denn wer den Planeten schützen möchte, braucht die Fähigkeit zu lieben. Jenseits dessen, was man in Worte fassen kann, ließ uns diese geteilte Sensibilität schnell Freunde werden.

Gérard hat beschlossen, die Aktivitäten meiner Stiftung finanziell zu unterstützen. Meine Stiftung heißt GoodPlanet, denn sie soll das Gute in dieser Welt ans Licht bringen. Hiermit danke ich ihm dafür von ganzem Herzen. Wenn Sie erfahren, dass jedes Exemplar dieses Buches dazu beiträgt, neue Projekte zu initiieren, werden Sie neben dem Lesevergnügen sicher auch das schöne Gefühl haben, diese Welt ein bisschen besser zu machen.

Yann Arthus-Bertrand,
Präsident der Stiftung GoodPlanet

Eine ausgewählte Bibliographie

Klein, Étienne: *Petit voyage dans le monde des quanta*. Éditions Flammarion.
Ortoli, Sven und Pharabod, Jean-Pierre: *Le Cantique des quantiques*. Éditions de la Découverte.
Steiner, Rudolf: *Cours aux agriculteurs*. Éditions Novalis. (Schauman, Wolfgang (Hrsg.): *Rudolf Steiners Kurs für Landwirte: Eine Einführung zu „Geisteswissenschaftliche Grundlagen zu Gedeihen der Landwirtschaft"*. Holm : Deukalion, 1996).
W. Hawking, Stephen: *Une Belle Histoire du temps*. Éditions Flammarion (Hawking, Stephen W. ; Kober, Hainer (Übers.): *Eine kurze Geschichte der Zeit*. Reinbek bei Hamburg: Rowohlt-Taschenbuch-Verl., 2011).
Zeland, Vadim: *Transurfing*. Éditions Exergue. (Zeland, Vadim: *Transsurfing*. München: Knaur, 2013)

Bildnachweise

Seite 190: Rebstock ©William Moulin
Bilder 1-21, 31, 32, 37-39: ©Archives Gérard Bertrand
Bilder 22-30, 33: ©Gilles Deschamps
Bilder 34-36, 40-42: ©Soufiane Zaidi
Bilder 43: ©Fabrice Leseigneur
Seiten XXII-XXIV: ©Professeur Georges Vieilledent

© Deutsch von Lisa Wegener

Vorwort 9
Einleitung 13

I – Der Weg der Initiation

1. Meine Wurzeln 21
2. Lehrzeit 29
3. Rugby, Schule des Lebens 35
4. Die Umstellung 43
5. Die Wende 49
6. L'Art de vivre des Südens 55
7. Jazz in L'Hospitalet 61
8. Das Abenteuer Menschlichkeit 69
9. Der Weg der Initiation 79
10. Die Pyramide der Sinne 85
11. Biodynamischer Weinbau 95
12. Das Kreuz der Westgoten 101
13. Clos d'Ora 105
14. Quantischer Wein 115
15. Das Hohelied 125

II – Die Weingüter

16. Domaine de Villemajou 131
17. Domaine de Cigalus 137
18. Château Laville-Bertrou 141
19. Château L'Hospitalet 145
20. Domaine de l'Aigle 151
21. Château Aigues-Vives 157
22. Château La Sauvageonne 161
23. Château La Soujeole 165
24. Château des Karantes 169

III – Die Parzellen

25. La Forge 175
26. Le Viala 177
27. L'Hospitalitas 181
28. L'Aigle royal 185

IV – Zurück in die Zukunft

29. Tautavel 189
30. Gris Blanc, Gio und Code Rouge 193
31. Legend Vintage 197
32. Tausend und ein Detail 203
33. Kommenden Generationen die Hand reichen 211

Nachwort 215
Eine ausgewählte Bibliographie 217
Bildnachweise 218

Gérard Bertrand

Wein, Mond und Sterne

. Paule, die Großmutter von Gérard
. Seine Eltern Georges und Geneviève am Tag ihrer Hochzeit
. Mit seiner Schwester Guylaine

4

5

6

4. Ingrid, Gérard, Emma und Mathias
5. Georges Bertrand beim Verkosten
6. Georges und Gérard im Urlaub
7. Emma Bertrand probiert die Trauben während der Weinlese
8. Mathias Bertrand probiert die Trauben während der Weinlese

9

10

9. Das erste Turnier von Gérard mit dem Team Saint-André
10. Das Team, trainiert von Vater Georges, Meister der Liga France Honneur
11. Das Team von Narbonne nach dem Sieg des Turniers Yves Manoir
12. Das Team France VII in Hong Kong

13. Les chevaliers de l'Art de Vivre
    – Die Ritter der Lebenskunst
14. Gérard und sein Freund
    Jean-Luc Piquemal
15. Yann Arthus-Bertrand,
    Jean-Pierre Rives und Gérard
    auf dem Festival Art de Vivre

16. Jacques Michaud
17. Freunde von Gérard: Yuri Buenaventura, Claude Spanghero, Richard Astre und Didier Codorniou
18. Das Jazzfestival
19. Die Breitling-Patrouille bei einer Kunstflug-Show am Himmel über dem Château de L'Hospitalet

20. Château de Quéribus
21. Château de Peyrepertuse
22. Domaine Cigalus
23. Château Laville-Bertrou
24. Château L'Hospitalet
25. Domaine de l'Aigle

22

23

24 25

26. Der Reifekeller am Château Aigues-Vives
27. Château La Sauvageonne
28. Château La Soujeole
29. L'Hospitalitas
30. La Forge
31. Château Les Karantes

29

30

31

32. Le Viala
33. Der Weinberg des Clos d'Ora
34. Das Weingut-Team
35. Das erweiterte Geschäftsleitungsteam
36. Das Team in den USA

34

35

36

37. Gérard mit Jean-Claude Berrouet, Gyslain Coux und Jean-Baptiste Terlay beim Verkosten
38. Marc Dubernet und Gérard im Reifekeller
39. Gérard und sein Freund Tanaka
40. Cap Insula, das Gebäude
41. Cap Insula, der Gärkeller
42. Der Keller von Clos d'Ora, der Gärkeller

40

41

42

43. Clos d'Ora 2012, der erste Jahrgang

Gérard Bertrand

Quantischer Wein

Gérard Bertrand

Um meiner Intuition einen Sinn zu verleihen, indem ich den informationellen Charakter des Weines verstehen lerne, traf ich mich mit französischen Wissenschaftlern, deren Arbeit mich stark beeindruckt hat. Zum ersten Mal konnte ich beobachten, wie sich die Botschaft des Weins vor meinen Augen materialisiert.

Natürlich komme ich nicht umhin, einige dieser Bilder mit Ihnen zu teilen. Auch wenn die Untersuchungen mit ihnen noch vertieft werden müssen, so zeigen sie doch die Kraft und Schönheit, die von diesen natürlichen Prozessen ausgeht.

Die Wissenschaftler des Unternehmens Société electrophotonique Ingénierie (Geschäftsführer: Georges Vielledent) wenden das makroskopische Darstellungsverfahren mittels Korona-Effekt an. Diese neue Technologie hilft, Informationen sichtbar zu machen, die bislang nicht nachgewiesen werden konnten. Hierzu setzt man ein Objekt einem spezifischen elektromagnetischen Feld aus, wodurch es seine besonderen Eigenschaften offenbart.

Ich habe einigen Versuchen beiwohnen dürfen. Georges Vielledent führt an dieser Stelle aus, was genau dabei passiert:

„Der Techniker entnimmt mithilfe einer Pipette einen Tropfen des zu untersuchenden Weins und hält diesen ganz dicht vor einer durchsichtigen Elektrode in die Luft. Während das Licht im Laboratorium ausgeschaltet wird, löst er mithilfe eines Generators, der an die Elektrode gekoppelt ist, das spezifische elektromagnetische Feld aus, was zur Entstehung des sogenannten „Korona-Effekts" führt. Diese unter Wissenschaftlern bekannte Technik kommt in der Industrie auf unterschiedliche Weise zur Anwendung. Im vorliegenden Fall erlaubt die Verwendung eines neuartigen Generators [S. XIX] die Darstellung von Informationen, die sogenannte „Lumineszenz", die über alle bisher ermöglichten Beobachtungen hinausgeht. Der so erzeugte Korona-Effekt wird im UV-Bereich mithilfe einer speziellen Kamera mit hoher Auflösung, die für diese speziellen optischen Bereiche ausgelegt ist, aufgezeichnet.

Das Ergebnis verschlägt einem den Atem. Durch die Verwendung wissenschaftlicher Bilderzeugungsinstrumente kann man seinen Wein innerhalb weniger Sekunden auf eine Weise „sehen", wie man ihn nie zuvor gesehen hat. Es zeigt sich eine Vielzahl von Informationen, Farben und Formen, jede für sich in ihrer Erscheinung außerordentlich ergreifend. Doch jenseits dieser natürlichen Schönheit, die sich vor unseren Augen entfaltet, enthält diese Erscheinung perfekt quantifizierbare Größen, die so schwer zugängliche Bezeichnungen wie *mean*, *std*, *energy* oder auch *entropy* tragen. Diese Werte liegen auf der Skala unseres Begriffsvermögens im Bereich des unermesslich Kleinen und Subtilen.

Gérard Bertrand

Diese Technik ist in dreierlei Hinsicht nützlich:

— Ein makroskopisches und damit mit bloßem Auge erkennbares Objekt offenbart energetische Phänomene quantischer Natur. Konkret stellen sich diese Phänomene durch die Entstehung und Ausbreitung komplexer „photonischer Ströme" dar. Diese Ströme sind „Bündel" elementarer Energie, die ausgetauscht werden, sobald Materie Licht aufnimmt oder abgibt. Im Rahmen eines quantischen Ansatzes bilden sie den energetischen „Fingerabdruck" des untersuchten Objekts.

— Die Homogenität dieser Ströme gibt Aufschluss über die chemisch-physikalische Stabilität der untersuchten Probe. Dieser Aspekt ist der heikelste der im Rahmen eingehender Untersuchungen weiter vertieft werden muss.

— Schließlich legt die räumliche Anordnung der Ströme Zeugnis ab von der Qualität der Informationen, die der untersuchten Probe eigen sind. Wir betreten hier den Bereich des „Schwingungsfelds der Informationen", das im

Zentrum des Interesses dieser Bildgebungstechnik liegt, [S. XXI] die als erste in der Lage ist, seine Existenz nachzuweisen.

Was hat es damit auf sich? Ähnlich wie bei akustischen Wellen kann auch das Licht weniger materielle „Dinge" übertragen, die Informationsqualität besitzen. Diese wird zwischen Entitäten ausgetauscht, die in der Lage sind, ihre Botschaft zu entziffern. Der Fernseher, die „Television", ist in diesem Zusammenhang der deutlichste Beweis für einen Vorgang, der es mittels „Verschlüsselung" von Bild und Klang erlaubt, eine große Anzahl Botschaften jeder Art zu übertragen. Und doch handelt es sich hierbei nur um Wellen.

Im Bereich der Darstellungsverfahren mittels Korona-Effekt liefern die räumliche Organisation und geometrische Anordnung der photonischen Ströme wertvolle Hinweise auf die Struktur des untersuchten Materials. Ziel ist die Bestimmung der Herkunft dieser Informationen, die auf diese Weise mithilfe der Probe offenbart werden kann und eine „Art" immaterieller Quelle nachzuweisen, die ihrer Entstehung vorausging.

Gérard Bertrand

Um Ihnen die technischen Details zu ersparen, die den Rahmen dieser Demonstration sprengen würden, zeigen wir Ihnen hier, wie sich die drei Schlüsselelemente aus „visueller" Perspektive für den Quantischen Wein darstellen.

Offenbarung des „Fingerabdrucks" mithilfe des Darstellungsverfahrens mittels Korona-Effekt

Beachten Sie die Dichte und gleichmäßige Ausbreitung der Korona des Quantischen Weins und die Ausdehnung der Felder im Vergleich zu einem konventionellen Wein.

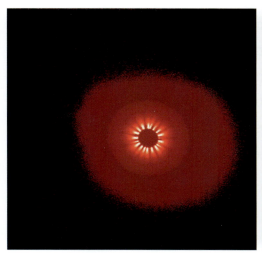
Clos d'Ora 2012

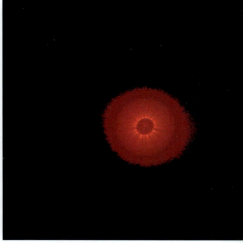
Konventioneller Wein

Homogenisierung der Ströme

Beachten Sie die Gegenprobe rechts im Bild und den „Nebel", den ein Produkt aus konventioneller Landwirtschaft erzeugt.

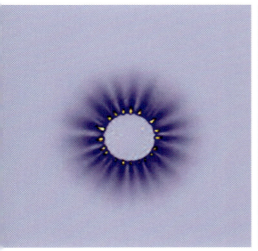
Clos d'Ora 2012

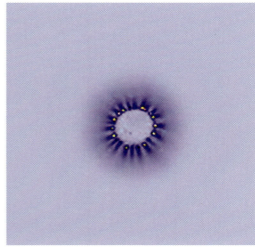
Konventioneller Wein

Gérard Bertrand

Räumliche Anordnung

Beachten Sie die makellose geometrische Anordnung und gleichförmige Ausdehnung der Strömung in der Probe Clos d'Ora 2013 (in Entstehung).

Clos d'Ora 2013,
Probe 1 (Brut de barrique)

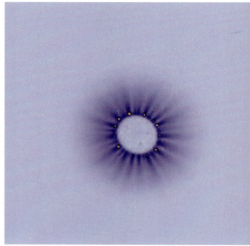

Clos d'Ora 2013,
Probe 2 (Brut de barrique)